AF322716

ERNESTO AGUILAR PAZ

HONDURAS, CRÓNICAS DE UN ESTADO DEGRADADO

HONDURAS, CRONICAS DE UN ESTADO DEGRADADO
Autor: Doctor Ernesto Aguilar Paz

Supervisión Editorial: Óscar Flores López
Diseño de portada: Andrea Rodríguez-Lilyana Gálvez
Administración: Tesla Rodas y Jéssica Cordero
Levantamiento de texto: Zona Creativa
Presidente: José Azcona Bocock

Primera Edición
Tegucigalpa, Honduras-Abril de 2024

CONTENIDO

FUE UN HONOR, DOCTOR PAZ AGUILAR

Pocos hombres han tenido la claridad de lo que debe ser Honduras, como el doctor Ernesto Paz Aguilar. Este libro es una prueba de ello.

Mi relación profesional con el ex canciller de la República duró poco; apenas unos meses. Comenzó allá por septiembre de 2022, cuando él presentó su libro "Elecciones y Revoluciones en Honduras", editado por Colección Erandique.

El ingeniero José Azcona Bocock me pidió que le ayudara, en la medida de mis capacidades, a promocionar la obra en los medios de comunicación.

Entrevisté al doctor Paz Aguilar en un hotel de la capital para hablar del libro y en menos de dos horas hizo un recorrido por las distintas etapas del país, desde la independencia hasta el presente.

"El problema en Honduras son las elites, pero hay esperanza, ya que la sabiduría popular es más avanzada. Y el mejor ejemplo lo tuvimos en el proceso electoral pasado", dijo, refiriéndose al triunfo de Xiomara Castro en las urnas.

—¿Cuándo comenzó a torcerse la historia de Honduras? —le pregunté en otro momento de la entrevista.

—Desde la Independencia —dejó escapar una sonrisa—. Ese proceso estuvo marcado por la tragedia. En la mismísima acta está escrito que se realiza de esa manera para evitar que el pueblo lo haga por sus propias manos, demostrando las tarar de las clases dominantes, que es algo que todavía persiste: el temor a la chusma, que así es como definen al pueblo.

A partir de ese momento, las comunicaciones con el doctor Paz Aguilar, que unos meses después asumiría como magistrado presidente del Tribunal de Justicia Electoral (TSE), fueron frecuentes.

A veces le escribía para hacerle una consulta o simplemente para saludarlo; en otras ocasiones, el doctor me llamaba para contarme de alguno de sus proyectos literarios.

Fue uno de los grandes animadores del trabajo que realizamos en Colección Erandique.

"Ya verá que haremos grandes cosas… Hay que rescatar la historia, no hay que ocultarle la verdad al pueblo", me dijo una tarde en su oficina en el quinto piso en el edificio anexo del IPM, a donde yo había llegado a visitarlo a solicitud suya.

"Estoy trabajando en el tema de la Guerra Civil de 1924", me contó.

Unos días más tarde, me envío una fotografía suya en la que aparecía con chumpa de cuero y bufanda, de pie frente a un estante repleto de libros.

"En la biblioteca de Tulane University, entregando mi libro", fue su mensaje a través del WhatsApp.

Lastimosamente, el 4 de julio de 2023, el doctor en Leyes y licenciado en Ciencias Sociales por la Universidad de Toulouse, Francia, falleció.

Hoy, gracias a su esposa, la doctora Blanca Lizeth Rivera, Colección Erandique publica "Honduras, crónicas de un Estado degradado". Aquí queda demostrada la visión que el doctor Paz Aguilar tenía de Honduras.

El libro está compuesto de diferentes artículos que el doctor Paz Aguilar escribió durante un largo periodo de tiempo. Lo publicamos tal y como él lo dejó, sin orden cronológico, aunque eso no importa, porque todos los artículos siguen vigentes.

Cada artículo lleva la fecha en que fue escrito (solo a unos pocos les faltaba ese detalle en el borrador que no fue entregado). Son análisis profundos y contienen sugerencias que, de ser implementadas por la clase social, convertirán a Honduras en un país más seguro y justo.

¿Es Honduras un Estado degradado o un Estado Fallido? ¿Qué significa refundar un país? ¿Por qué es necesario nuevo reglamento interno que ayude a limitar los excesos de quien asuma la presidencia del Congreso Nacional? El doctor Paz Aguilar también analiza el papel que juega el Partido Liberal; el golpe de 2009; la depuración del Poder Judicial; las Ciudades Modelo, entre muchos temas.

Sentí mucha emoción de reencontrarme con el doctor Aguilar Paz a través de sus artículos.

"Fue un honor, querido doctor Ernesto Aguilar Paz, aportar un granito de arena para que su libro pueda ser publicado".

Óscar Flores López/Editor Colección Erandique

INTRODUCCIÓN

"Honduras: crónicas de un Estado degradado" es la historia del fracaso de una "cosa" frágil que no termina de encontrar una ruta al desarrollo, progreso y bienestar.

Nuestro país tiene un sistema político colapsado y un modelo económico fracasado, centrado hoy día en la exportación de seres humanos como mano de obra barata hacia Estados Unidos.

El fracaso es tal que convirtió a Honduras en el país más pobre de América Latina. La responsabilidad primaria de la tragedia recae sobre "una elite primitiva, inculta e insensible" que, al decir de la Conferencia Episcopal de Honduras, "ha convertido al país en su hacienda particular... en un Estado al que pueden saquear cuantas veces quieran".

El fracaso ha producido furia y frustración de la mayoría de la gente contra quienes han dirigido la nación en las últimas décadas. El objetivo de este libro es explicar e interpretar la degradación como proceso y su impacto en la sociedad.

Un poco de teoría. Un Estado degradado es frágil y vulnerable. Es aquel que no puede ejercer control sobre su territorio, que fracasa en el desempeño de sus funciones básicas o que no es capaz de asegurar a su gente los servicios y necesidades básicas y proteger sus derechos políticos, e insinúa también la necesidad de una intervención externa para resolver sus problemas vitales.

La condición de fracaso del Estado de Honduras constituye una amenaza a la seguridad en la región de otros Estados vecinos y de la potencia hegemónica. La situación se resume así: "los ciudadanos han perdido la confianza en el gobierno y el gobierno es incapaz de asegurar sus necesidades vitales".

El contexto regional es agravado por la vecindad de países en escaso desarrollo de su condición estatal y con procesos de construcción incompletos, tardíos o desestructurados. En suma, la exclusión social, la corrupción y la debilidad de las instituciones dificulta implementar políticas contra la inseguridad y la violencia.

Dicho lo anterior, echemos un vistazo a su contenido. La obra recoge un conjunto de artículos de prensa publicados e inéditos que, seleccionados de manera arbitraria por el autor, no siguen un orden cronológico en el sentido literal. Más bien se trata de hilvanar un hilo conductor del relato con la pretensión de explicar e interpretar la evolución de los procesos sociales y políticos que convirtieron a Honduras en un Estado degradado.

El comienzo. En los años 90 del siglo anterior comenzó una nueva etapa en la historia del país: llegó el neoliberalismo y con él, una nueva concepción del papel del Estado. El proceso de modernización del Estado hizo su arribo, en serio, en las maletas de los organismos financieros internacionales. Todo comenzó en la administración Rafael Leonardo Callejas Romero (1990-1994). Los gobiernos que se sucedieron entre 1994 y 2002 hicieron lo que estuvo a su alcance para suavizar la aplicación ortodoxa del neoliberalismo con medidas de compensación social.

Huracán, huracán venir te siento... El país no terminaba de digerir las recetas draconianas del ajuste económico (los célebres "paquetazos") cuando el paso destructor de un huracán cambió la historia. En efecto, a finales de 1998 un huracán bautizado con el nombre de Mitch se convirtió en "el hecho desencadenante" y en el parteaguas de la historia reciente. El huracán produjo más de 6,000 muertos y pérdidas por casi cuatro mil millones de dólares, destruyó las tres cuartas partes de la infraestructura material del país y produjo efectos profundos en el mundo de la política y la cultura. En Estocolmo (Suecia) y con la asistencia de la comunidad internacional, el país diseñó una ruta a seguir.

La Honduras post Mitch. De entre los escombros emergió la Honduras post Mitch con una vitalidad poco común y al cabo de cierto tiempo demostró ser un país niño y al mismo tiempo, indestructible "porque ni siquiera ha aprendido a llover". "Tal certeza alimenta un sentimiento de triunfo, en un país en donde para la mayoría de los habitantes el mayor éxito en la vida consiste en lograr sobrevivir".

Mutaciones directas o indirectas. El proceso de reconstrucción favoreció al sector maquila y el sector tradicional (café y bananos) se hundió en el marasmo. A consecuencia de la crisis del agro se desató una brusca aceleración de los movimientos migratorios, primero del campo a la ciudad y luego hacia los Estados Unidos.

La coyuntura permitió una pausa para reflexionar sobre el papel del Estado en el proceso de reconstrucción, que es abordado en el Capítulo I, donde se trata la crisis del Estado en sus diferentes modalidades, que únicamente expresan variantes locales de la profundidad de la crisis: El Estado degradado, el Estado paralelo, el Estado fallido, y nos interrogamos, ¿Cuáles son las estrategias de sobrevivencia del Estado? ¿Qué es la refundación? ¿Cuáles son sus dificultades? y, finalmente, la relación existente entre globalización, terrorismo y soberanía.

En el Capítulo II se aborda el tema de la democracia representativa y, específicamente, los problemas que plantea el funcionamiento real de las instituciones, especialmente del Congreso Nacional.

Tradicionalmente, nuestro país ha tenido un régimen presidencialista y que funciona de manera aceptable a condición de que exista una buena relación con el Poder Legislativo. Habida cuenta que la Corte Suprema de Justicia es elegida por el Congreso Nacional bajo un sistema de reparto de cargos merced a un pacto bipartidista de larga data, la CSJ no goza de independencia. El tema de la no reelección y el continuismo es analizado en términos histórico-constitucionales hasta la ruptura del pacto constitucional de 1982, con la reelección ilegal e ilegítima del actual gobernante.

En la parte final, reflexionamos sobre la urgente necesidad de crear un Tribunal de Justicia Constitucional, parecido a los que existen en otros países, como un órgano que resuelva y dirima los conflictos entre los poderes del Estado.

El análisis crítico de las reglas del juego electoral, sus cambios e inercias es abordado en el Capítulo III sin olvidar caer en la trampa de actualizar permanentemente el pasado y replicar el "gatopardismo" como fórmula cómoda "de cambiar todo para que las cosas sigan igual". Este capítulo es de capital importancia porque estudia el subsistema electoral del país, a partir de los acuerdos políticos del año 2001 que dieron como resultado la promulgación de una nueva Ley Electoral y de las Organizaciones Políticas.

Si el lector busca una miscelánea de problemas y situaciones políticas delicadas aquí las encontrará. En efecto, aquí hablamos de los anacronismos y de las incongruencias de nuestra democracia, de las paradojas del voto de los hondureños en el exterior, del uso de las encuestas de opinión como mecanismo de inducción de la voluntad del electorado, de la compra descarada y vulgar de votos, del financiamiento de los partidos, del ballotage o segunda vuelta, y de la deuda política y los partidos de maletín.

La Ley Electoral del 2004, que recoge las aspiraciones de cambio largamente postergadas por las élites tradicionales, evidenció sus debilidades, vacíos e incongruencias en la crisis que culminó con el golpe de Estado del 2009 y los escandalosos fraudes electorales del 2013 y 2017. Las reformas políticas electorales fracasaron porque han sido inconclusas, por decir lo menos. Las luchas de las fuerzas opositoras y las presiones discretas de la comunidad internacional han obligado a enrumbar el proceso de reformas para democratizar y modernizar las estructuras e instituciones, pese a la torpeza y miopía de las élites conservadoras que impiden avances sustantivos.

En el Capítulo IV navegamos en mar abierto, en un intento de recalcar que "el pasado es indestructible... y que tarde o temprano vuelven las cosas, y una cosa que vuelve es el proyecto de abolir el pasado". Aquí hacemos referencia a ciertos episodios de nuestra vida política, deliberadamente soterrados, que han marcado la historia. Nos referimos a acontecimientos fundantes y estelares del Partido Liberal y a sus disidencias y rupturas. Continuamos analizando la diferenciación ideológica de los partidos políticos y a las vicisitudes y avatares del centenario Partido Liberal después del golpe de Estado del 2009 —el beso de la muerte— que explican en parte su debilitamiento progresivo.

Ya en el Capítulo V, este acápite es la parte medular del libro. En él nos referimos a los problemas estructurales de la administración de justicia, porque "el Poder Judicial es el poder del Estado más desprestigiado y carente de credibilidad (y) es percibido como un opaco laberinto de corrupción y venalidad", "La inseguridad judicial (o jurídica) es el factor fundamental de todos los males de Honduras". La situación precaria de los derechos humanos, de la impunidad y la violencia también ocupan un espacio en las reflexiones.

En el Capítulo VI nos referimos al acto de barbarie política más grande del siglo XXI: El golpe de Estado del 28 de junio de 2009 y sus consecuencias. Un golpe de Estado que produjo daños por cinco mil millones de dólares (más devastador que el huracán Mitch en pérdidas materiales e institucionales) y la pérdida de trescientos mil puestos de trabajo.

Una situación inédita e insólita se produjo a finales del 2009 donde coincidió la tragedia y la comedia, cuando Honduras tuvo tres presidentes: un presidente electo por el pueblo, arrojado violentamente del poder y asilado en la embajada de un país sudamericano; un usurpador en la Casa Presidencial, tercamente aferrado al poder; y un presidente electo en unas elecciones cuestionadas, en su residencia de El Chimbo, una aldea cercana de la ciudad capital.

En el Capítulo VII nos referimos al alucinante y fallido proyecto de las Ciudades Modelo, "charter cities" o ZEDES impulsadas desde el 2011 por el gobierno de Honduras. En realidad, este fantasioso proyecto es una genial impostura y una trampa para cazar bobos. Las ciudades modelo o ZEDES representan el experimento neoliberal más brutal del planeta. El antecedente más lejano es un rocambolesco personaje poco conocido llamado Gregor MacGregor el —príncipe de las mentiras— un aventurero que embaucó a unos infelices en su país de origen para que compraran tierras en un país inexistente llamado Poyais. "The country that never was" ("El país que nunca fue") estuvo supuestamente ubicado en la desembocadura del río Tinto en las cercanías del municipio de Palacios, departamento de Colón. El proyecto de las ciudades modelo fracasó porque no es viable, no tiene asidero en el derecho internacional y las propias Naciones Unidas prohíben a los Estados miembros este tipo de operaciones.

En el último capítulo nos referimos al fenómeno de la indignación nacional frente a la corrupción, al movimiento que dio origen y a su producto concreto: La MACCIH(Misión de Apoyo Contra la Corrupción y la Impunidad en Honduras). Este capítulo analiza la relación existente entre un Estado degradado y el fenómeno de la indignación frente a la corrupción y la impunidad. Finalmente nos interrogarnos ¿Cómo está Honduras veinte años después del huracán Mitch y del golpe de Estado del 2009? Con dolor reconocemos que Honduras, al igual que otros países del triángulo del norte, es una de las sociedades más pobres, violentas y corruptas.

Sin embargo, en este país de gente afable, que jamás renuncia a la esperanza, están prestos a participar en la construcción de nuevos procesos históricos "que a veces se detienen, pero nunca se interrumpen definitivamente". Este país tiene un factor a su favor: un ancestral fondo místico-religioso de la moralidad popular, portadora de una maravillosa facultad de abnegación, pero también provisto de un explosivo potencial de indignación.

Esos pobres, cada vez más conscientes de su dignidad y derechos, tienen la capacidad de "llevar en hombros el féretro de una estrella... y pueden destruir el aire como aves furiosas, nublar el sol", como dice el poema de Los Pobres de Roberto Sosa.

I. ANTE LA CRISIS DEL ESTADO HONDUREÑO: ¿REFUNDAR O REFORMAR?

EL ESTADO DEGRADADO

(Escrito en 2011)

El término Estado Degradado fue acuñado por un equipo de especialistas y expertos en ciencias sociales, dirigido por el prestigiado académico costarricense Miguel Gutiérrez Saxe. Dicho equipo elabora, desde hace varios años, el influyente "Informe del Estado de la Región en Desarrollo Sostenible".

"Honduras, al igual que sus vecinos Guatemala, El Salvador y Nicaragua, están en vías de convertirse en un Estados degradados", sostiene categóricamente el documento, "si no se adoptan medidas radicales para revertir la situación actual".

Ahora bien. ¿Qué es un Estado degradado? Es un ente inválido, con incapacidad crónica de cumplir la función básica de cualquier Estado moderno: preservar la ley y el orden y darles sentido y previsibilidad a las relaciones sociales en su territorio, por medio de una autoridad central percibida y reconocida por la población y que, sin embargo, no es todavía enteramente un Estado fallido.

En la literatura especializada de origen anglosajón, lo más cercano a la idea de Estado degradado, es el "Failed State", o sea, los Estados que están en vías de fracasar y que requieren de acciones preventivas que se traducen en asistencia o intervención (militar, financiera, administrativa, etc.) de la comunidad internacional para evitarlo.

En esta forma de Estado, se vive en el reino de la improvisación y la planificación es casi una mala palabra, producto de la "estadofobia" difundida o implantada por los fundamentalistas de las doctrinas del libre mercado.

Las instituciones públicas funcionan sin dirección y "a medio vapor"; con frecuencia inicia la construcción de obras públicas y pocas se concluyen, verbigracia, el Anillo Periférico de Tegucigalpa.

Un Estado degradado no controla la totalidad del territorio nacional, sino partes de él; en la práctica, otros actores ilegales (como las maras o el crimen organizado) han logrado arrebatarle el dominio de vastas zonas donde imponen "su ley".

Su aparato institucional es débil y precario, está desprovisto de recursos debido a una paupérrima recaudación fiscal, es incapaz de proveer servicios básicos (seguridad, educación y salud) a la mayoría de la población y se encuentra ausente en amplias zonas o regiones y, además, penetrado o infiltrado por poderes fácticos legales e ilegales.

El Estado degradado ha sido capaz de preservar la unidad del Estado-Nación dentro de las fronteras (definidas y demarcadas) relativamente estables a lo largo de un extenso periodo histórico; sus autoridades son reconocidas como legítimas por la comunidad internacional; internamente no enfrenta la competencia de otros actores que buscan convertirse en autoridades legítimas; y, ahí donde funciona, impone cierto orden público.

A diferencia del Estado fallido, el Estado degradado retiene ciertas formalidades institucionales y legales, pues conserva un mínimo de poder infraestructural, entendiéndose por tal, la capacidad de un Estado para implementar logísticamente las decisiones políticas en su territorio.

¿Cómo evitar que los Estados centroamericanos del CA-4 migren de Estados degradados a Estados fallidos? La alta exclusión social surge como la principal amenaza. El Informe propone la suscripción de un Acuerdo Político duradero entre todas las fuerzas y sectores para reducir la exclusión social, que es precisamente la principal amenaza de los Estados centroamericanos del CA-4.

La alta exclusión social significa un verdadero desastre humano: 17.2 millones de personas de un total de 40 millones de habitantes que tiene Centroamérica, subsisten en condiciones de pobreza extrema, con acceso nulo o precario a los mercados de trabajo, sin seguridad social y con bajísimos niveles de instrucción pública.

En los Países del Triángulo Norte, el necesario Acuerdo Político ha sido bloqueado por la combinación adversa de varios factores como que: (1) No existe una vigorosa demanda ciudadana que pugne por el Acuerdo Político. (2) Los partidos políticos no tienen voluntad política para apoyarlo. (3) El Estado no tiene la capacidad infraestructural para impulsarlo y (4) Los poderes fácticos lo vetan o bloquean.

A corto plazo, el fracaso de la implementación de un Acuerdo Político anti-exclusión social podría significar para la mayoría de los países del istmo la ampliación y ensanchamiento del poder de los actores ilegales, es decir, la expansión de las pandillas y el fortalecimiento del crimen organizado. Si ello ocurriere, nuestros países se convertirían en "territorios al margen de la ley", manteniendo, sin embargo, la fachada del Estado-Nación para evitar la intervención abierta de la Organización de Naciones Unidas (ONU).

Por un Estado de y para la democracia. La situación es grave y el desafío es construir un Estado de y para la democracia. Lo que se necesita es crear las bases materiales para el ejercicio del poder democrático en los países con una alta prevalencia de exclusión social y violencia criminal.

La superioridad de Costa Rica sobre sus vecinos reside en la fortaleza de sus instituciones y en el respeto a las reglas de juego. Sus ventajas no solamente residen en el nivel de ingreso y en la calidad del sistema educativo, sino en su capacidad de asegurar la evolución pacífica de su sociedad y de solucionar pacíficamente sus tensiones internas.

En resumidas cuentas, como ciudadanos estamos obligados a involucrarnos en la lucha social y política para que nuestros países no se conviertan en Estados fallidos, en Estados fracasados. La Patria no es una herencia de nuestros padres sino que la hemos tomado prestada a nuestros hijos. En definitiva, son las fuerzas sociales y políticas quienes con sus acciones y omisiones moldean la historia. ¡Nadie más!

EL ESTADO PARALELO

(Escrito en 2016)

El británico Ivan Briscoe define el término Estado paralelo como aquel "donde existe un nexo clandestino entre el liderazgo político formal, las facciones al interior del aparato del Estado, el crimen organizado o grupos armados ilegales y los expertos de la violencia".

La esencia del Estado paralelo es su combinación de autoridad política formal con una estructura de poder informal, que ha surgido de las entrañas del Estado y que está orgánicamente ligado a éste. Son estructuras complejas que sirven a sus propios intereses sectoriales o institucionales en combinación con redes del crimen organizado o grupos armados ilegales.

El Estado paralelo es el producto de un arreglo institucional al interior del cual los intereses organizados que tienen capacidades criminales o experiencias en el uso de la violencia, son capaces de utilizar sus vinculaciones orgánicas con el Estado para proteger y expandir sus actividades.

Dicho Estado se desarrolla y se consolida en Estados débiles donde existe una institucionalidad fuerte (usualmente militar) y en los que la globalización ha aumentado el abanico de oportunidades comerciales lícitas e ilícitas. Pakistán en Asia, Guinea Bissau en África, Kosovo en Europa y Guatemala en América Latina, aparecen en las publicaciones especializadas como los arquetipos de Estados paralelos. Por razones de espacio nos referiremos únicamente a dos: Pakistán y Guatemala, para luego extraer algunas conclusiones sobre nuestro país, Honduras.

La República Islámica del Pakistán, con 185 millones de habitantes, es un país que posee armas nucleares. Su vida política ha sido una larga historia de dictaduras militares, es fronteriza con Afganistán y mantiene una disputa territorial grave con su poderoso vecino, India.

En ese país asiático, el Estado paralelo se desarrolló a partir de su involucramiento en la guerra de Afganistán de los años 80, cuando las organizaciones guerrilleras islámicas lucharon contra la intervención soviética.

En el caso de nuestra hermana Guatemala, el Estado paralelo surgió de las entrañas del Estado contrainsurgente construido en los años 50 del siglo pasado después del derrocamiento del gobierno de Jacobo Árbenz Guzmán. Como sabemos, Guatemala sufrió un sangriento conflicto armado interno, con contornos de guerra civil, desde 1960 hasta 1996, año en que se firmaron los Acuerdos de Paz entre el gobierno y los grupos guerrilleros.

Sin embargo, el régimen civil instaurado a partir de 1986 con Vinicio Cerezo Arévalo a la cabeza, compartió el poder con los militares en un régimen político muy parecido al vigente en estos momentos en los demás países del Triángulo Norte.

Después de la firma de los Acuerdos de Paz de Esquipulas II, uno de los problemas de fondo que no se resolvió fue la presencia de grupos criminales incrustados en las instituciones del Estado. Para los guatemaltecos era un secreto a voces la existencia de estructuras paralelas de inteligencia y grupos ilegales que operaban bajo el amparo de funcionarios y empleados estatales ubicados en el corazón del Gobierno y de las fuerzas de seguridad.

La sociedad civil guatemalteca y sus principales fuerzas políticas lucharon sin tregua durante diez años, hasta que lograron vencer el miedo y a los que se oponían a la participación de la comunidad internacional en la lucha contra la impunidad. El poder del "Gobierno invisible" era tal que fue necesaria la colaboración resuelta de la ONU. La gota que derramó la copa fue el brutal asesinato en suelo guatemalteco de tres diputados salvadoreños al Parlamento Centroamericano (Parlacen).

Fue hasta finales del año 2006 que el Gobierno logró firmar un acuerdo con la ONU para conformar la Comisión Internacional contra la Impunidad en Guatemala (CICIG). Dicha comisión se formó para ayudar al Estado guatemalteco a desmantelar los cuerpos ilegales y los aparatos clandestinos de seguridad y también combatir la impunidad.

Las lecciones aprendidas son sencillas y claras. La CICIG les devolvió la confianza y la autoestima a los guatemaltecos; demostró que con un buen sistema de investigación no hay crimen perfecto y que en un verdadero Estado democrático de derecho no existen los intocables.

En el caso de Honduras y dada la grave crisis de nuestro sistema de justicia, una de las recomendaciones del Informe de la Comisión de la Verdad y la Reconciliación de 2011, cae como anillo al dedo: "Recomendamos al Gobierno de Honduras solicitar a la ONU considerar el establecimiento de una instancia internacional de investigación para fortalecer la institucionalidad pública en su capacidad de investigación de actos de corrupción y crimen organizado".

Pues bien, en noviembre del año 2011 el gobierno de Lobo Sosa solicitó a la ONU la conformación de una Comisión Internacional Contra la Impunidad atendiendo las recomendaciones de la Comisión de la Verdad y la Reconciliación, pero la solicitud fue denegada por la ONU por considerar que la institucionalidad hondureña tenía capacidad para enfrentar la crisis. Sin embargo, el error de cálculo del organismo mundial favoreció la irrupción del "Movimiento de Los Indignados" que protestó en las calles exigiendo la conformación de una 'CICI' con iguales características que la de Guatemala. Como se sabe, las presiones internas y externas obligaron al Gobierno a firmar un acuerdo con la Organización de Estados Americanos (OEA) para la instalación de la denominada Misión de Apoyo Contra la Corrupción y la Impunidad en Honduras (MACCIH). El reto es colosal y a la MACCIH se merece darle el beneficio de la duda.

EL ESTADO FALLIDO

En nuestro país, Honduras, está de moda escribir o hablar del "Estado fallido". Sin embargo, muchos nos interrogamos sobre su definición, significado y alcance, porque su naturaleza sigue siendo confusa y controvertida. En realidad, dicho término es multiusos, tiene significados distintos y depende del contexto en que se utilice. El término Estado fallido ("Failed State", en inglés) se usa, frecuentemente, como sinónimo de Estado fracasado o colapsado, degradado, paralelo, y otros peyorativos. Para evitar generalizaciones groseras es necesario distinguir diferentes tipos y grados de fracasos.

El Estado fallido se refiere a un Estado débil e ineficaz en el cual el gobierno central tiene poco control efectivo sobre su territorio. También alude a un grupo humano incapaz o incompetente para el autogobierno. Laura Tedesco nos advierte que tengamos cuidado con su uso, porque dicho concepto "es una etiqueta que propone soluciones cosméticas a patologías más esenciales".

En términos generales, todo Estado fallido es un Estado en crisis, débil y frágil; un Estado degradado es la antesala de un Estado fallido; y un Estado paralelo supone —según Ivan Briscoe— "la existencia de un nexo clandestino entre el liderazgo político formal, las facciones al interior del aparato del Estado, el crimen organizado y/o los expertos de la violencia".

Los seguidores de esta teoría afirman que un Estado tiene éxito si mantiene un monopolio en el uso legítimo de la fuerza dentro de sus fronteras y cuando este monopolio está quebrantado, por ejemplo, por la presencia dominante de grupos armados ilegales, de milicias o de organizaciones terroristas, la misma existencia del Estado llega a ser dudosa y se convierte en un Estado fallido.

En ese sentido, el Estado fallido es un caso extremo de disolución del orden público y de la institucionalidad, corresponde a la situación que Thomas Hobbes describe como "Estado de naturaleza": prevalece la ley del más fuerte, la amenaza real de ser despojado de la vida y hacienda, donde impera la justicia de mano propia, dice el Informe del Estado de la Región.

En síntesis, el Estado fallido es un país cuya situación financiera está tan deteriorada que no puede garantizar el pago de los intereses de su deuda (externa e interna) ni el salario regular de sus empleados y funcionarios. El Estado fallido se caracteriza por estar bajo estricta vigilancia de los organismos financieros internacionales y por requerir de manera permanente de la asistencia de donantes extranjeros.

¿Cuál es el origen y evolución del concepto? El antecedente más lejano de la idea de Estado fallido se encuentra en el controvertido "Derecho de injerencia" de los países desarrollados, específicamente europeos, en los asuntos internos de países africanos como Somalia, Ruanda, y Sudán entre otros, que experimentaron catástrofes humanitarias causadas por conflictos armados entre etnias rivales, a finales de los años noventa del siglo pasado. Según Noam Chomsky, el Estado fallido es una teoría inventada por la administración estadunidense luego del fracaso acerca del "eje del mal" y de los Estados terroristas, creada para aglutinar a la opinión pública y centrar sus esfuerzos contra los países cuyas políticas confrontaron la visión del gobierno de Ronald Reagan. Luego del 9/11 del año 2001, el concepto de Estado fallido comenzó a formar parte de la agenda de seguridad nacional e internacional. Varios Estados del sur del planeta calificados como fallidos empezaron a ser percibidos como una amenaza para la seguridad de muchos países desarrollados.

El concepto de Estado fallido cuestiona la vigencia de un principio fundamental del Derecho Internacional: la soberanía de los Estados. En el Nuevo Orden, la no intervención externa se convierte en una condición dependiente de la contribución de los Estados al mantenimiento de ese Orden global. Es decir, la soberanía deja de ser un concepto inherente al Estado moderno, y pasa a depender de consideraciones de Estados extranjeros con intereses propios en juego.

El recordado historiador Ramón Oquelí (1934-2004) señalaba que "Honduras es un país aletargado donde hasta los volcanes se han apagado".

El tema volvió a cobrar importancia a raíz de la aparición en la revista "Foreign Policy" de 2005, que publicó una tabla de doce indicadores para calificar a los Estados como fallidos o fracasados y estableció un índice de los mismos. En ese sentido, el expresidente de la República Dominicana, Leonel Fernández Reyna, rebatió en su oportunidad la publicación con argumentos muy sólidos y cuestionó la metodología de su elaboración.

En resumen, Honduras no es un Estado fallido pero está en peligro de serlo si no hacemos nada para evitarlo. Honduras, al igual que sus vecinos Guatemala, El Salvador y Nicaragua, ha sido catalogado como "Estados degradado", según el Informe del Estado de la Región de 2011. En este momento, hay consenso entre los especialistas en considerar a Haití como el único Estado fallido en América Latina.

ESTRATEGIAS DE SOBREVIVENCIA DEL ESTADO NACIONAL EN EL SIGLO XXI

La prospección de la política internacional en el siglo XXI supone identificar las tendencias evolutivas centrales y de largo plazo que, en el futuro, enmarcarán la política. En opinión de Hans W. Maull, profesor de la alemana Universidad de Tréveris, se contraen a tres: (1) La revolución demográfica. (2) La globalización y (3) La revolución tecnológica.

La explosión demográfica alcanzará su punto culminante hacia el año 2050 con una población estimada en 9,000 millones de seres humanos. En general, la gente vivirá más tiempo y tendrá menos hijos. Se estima que la población de Honduras alcance los doce millones y Centroamérica llegue a los sesenta.

La globalización no es otra cosa que la profundización internacional de las relaciones en todos los campos, ya sea el económico, social o cultural. Se trata de una "aldea global" con flujos comerciales y financieros también globales, empresas transnacionales que operan en todo el planeta, medios de comunicación por doquier y la red internet, el turismo y los movimientos migratorios. Asimismo, incluye sus aspectos sombríos como la contaminación, el deterioro del ambiente y el crimen transnacional.

El motor principal de ese vertiginoso proceso de cambios profundos y radicales es la revolución tecnológica. Su resultado es una nueva geografía. Tendencialmente, el significado del espacio físico, es decir el territorio, será sustituido por el acceso a las redes de la interdependencia. No disponer de ese acceso se pagará con la marginalidad.

El acceso a esas redes conlleva la oportunidad de conseguir bienestar, poder e influencia. Este hecho no sólo es válido para organizaciones como los Estados y las grandes empresas, sino también para el individuo. En ese sentido, la política internacional está experimentando una notable redistribución de las relaciones de poder a favor de los actores no estatales, vale decir de las ONG´s, y en desmedro del Estado.

En esencia, el siglo XXI no será el de la paz eterna que preconizó Immanuel Kant hace doscientos años, sino el de la redistribución injusta de bienestar y oportunidades de desarrollo personal. Es el mundo de centros de poder y hegemonía extremadamente difusos e inestables, de tendencias culturales e ideológicas tendencialmente antagónicas.

Por consiguiente, la política tal como la entendemos en la actualidad estará sometida a exigencias contradictorias. De un lado, deberá satisfacer los deseos y exigencias de otros Estados, organismos internacionales, empresas transnacionales y sobre todo de los mercados globales. Del otro, también deberá darles a los propios ciudadanos la oportunidad de acceder al bienestar, protegiéndolos de las amenazas e incertidumbres que conlleva la globalización. En suma, la política debe garantizar seguridad y estabilidad.

¿Cómo está reaccionando el Estado nacional ante esta desalentadora situación? Para responder esta pregunta, primero debemos determinar dónde se hace política.

"El ámbito político es tan global como las relaciones sociales de las que forma parte", dice el profesor Maull.

En consecuencia, la política tiene lugar en tres niveles. El primero es en el seno de las organizaciones internacionales (como la ONU) y en la cooperación y competencia de las asociaciones regionales y subregionales (la OEA, el SICA) y de los Estados nacionales. El segundo nivel de la política es la región (por ejemplo América Latina, Asia-Pacífico), donde las organizaciones regionales y también los Estados nacionales actúan unos con otros. Finalmente, el tercer nivel es el mismo Estado nacional.

No obstante, la amenaza de una creciente ineficacia del Estado nacional debido a las contradictorias demandas y exigencias que los diferentes actores plantean de la conformación del futuro Orden mundial seguirá dependiendo en gran medida de este.

Para su sobrevivencia, los Estados nacionales implementan tres estrategias que en ningún caso son excluyentes, que son la retirada, la cooperación y la asociación.

La retirada o repliegue del Estado de aquellos campos en los que su actuación no es esencial representa un alivio y al mismo tiempo la oportunidad de actuar en los campos esenciales de la política. La privatización de empresas estatales, la desregulación de las actividades económicas o el traslado de atribuciones políticas a nivel de gobiernos locales (descentralizadas) o supranacionales de la política.

Mediante la cooperación, los Estados pueden unir sus recursos y mejorar con ellos sus oportunidades de configurar y mejorar con ello sus oportunidades de configurar el futuro. Las posibilidades y las formas de esa cooperación son extraordinariamente diversificadas. Todas esas formas de la cooperación no implican un abandono de la soberanía tradicional del Estado nacional. Por el contrario, la estrategia de asociación descansa en la transferencia formal de los derechos soberanos a instituciones supranacionales. El modelo que más ha avanzado por esa senda es, desde luego, la Unión Europea.

En conclusión, el Estado nacional seguirá siendo el lugar central del quehacer político y las principales decisiones se tomarán sobre la base de negociaciones entre éstos y los organismos internacionales.

Pero, la raison d'étre (la razón de ser) del Estado en el tercer milenio, tanto en los países en vías de desarrollo como en los desarrollados, es crear capital físico. Esto es, infraestructura de comunicaciones, de energía, de telecomunicaciones, y capital humano, vale decir educación pero también salud y protección social. Tiene razón el expresidente del gobierno español, Felipe González, cuando afirma que "la materia prima del siglo XXI será la inteligencia, es mejor que haya en el mundo ciudadanos bien educados, bien alimentados y en buen estado de salud. Se trata de una inversión que no va atender suficientemente el mercado, que también asigna recursos para estos fines".

IDEAS LIBRES SOBRE LA REFUNDACIÓN DEL ESTADO

(Escrito en 2016)

Vale la pena repetir la frase del maestro Ramón Oquelí: "Honduras es un país aletargado donde hasta los volcanes se han apagado".

Pero no hay mal que por bien no venga, porque después del golpe de Estado de 2009 el pueblo despertó. "India virgen que hermosa dormías" y las máscaras cayeron.

En Honduras, la esperanza está venciendo al miedo. La Honduras de los tiempos fecundos ha sido hija de la audacia, no del miedo. ¿Qué es la refundación? Es "la reorganización del conjunto de estructuras e instituciones del Estado para que vuelvan a funcionar con normalidad". Las fuerzas sociales son las que moldean la historia y en el caso de Honduras, el proyecto refundacional busca responder tres interrogantes: ¿Qué papel debe jugar el Estado? ¿Qué rol debe de jugar el Soberano (el pueblo)? y ¿Cómo construir un sistema que garantice la plena vigencia de los Derechos Humanos?

La razón de ser de la refundación es construir un modelo que supere al Estado degradado que actualmente somos. Un Estado degradado es un Estado fracasado. Es una entidad con incapacidad crónica de cumplir la función básica de cualquier Estado moderno:

preservar la ley y el orden por medio de una autoridad central percibida y reconocida como eficaz por la población. Un Estado degradado no controla la totalidad de su territorio sino partes de él.

En la práctica, otros actores —maras y crimen organizad— han logrado arrebatarle el dominio de zonas donde éstos imponen "su ley"; el aparato institucional del Estado es frágil y precario, hay instituciones pero no hay institucionalidad; es incapaz de proveer servicios básicos a la mayoría de la población; y, se encuentra ausente en amplios espacios e infiltrado por poderes fácticos legales e ilegales.

Es necesario precisar: la refundación del Estado debe ser simultánea con la transformación democrática de la sociedad. Debe existir sincronía entre el Estado y la sociedad y viceversa. Es una tarea compleja y contradictoria donde conviene advertir: el gran protagonista de la refundación es el Pueblo, se trata de avanzar de una democracia representativa a una democracia participativa. Es más fácil acceder al gobierno que refundar un país. La refundación es obra de varias generaciones, donde cada generación asume los compromisos vitales en el momento histórico que le toca vivir.

La refundación se inspira en la necesidad de superar las fallas y frustraciones de un Estado fracasado, fruto convulso de la aplicación brutal de modelos importados como el neoliberalismo globalizador y el capitalismo salvaje. También está en mente el fracaso del proyecto de refundación más ambicioso del siglo pasado: el Estado de los Soviets (la Rusia actual), y opta por una transformación progresista, menos radical, cual es la socialdemocracia europea y su versión latinoamericana, el socialismo democrático.

La lucha por la refundación del Estado no es lucha política en sentido estricto, sino más una bien una lucha social, cultural, por símbolos, mentalidades y subjetividades. La refundación del Estado no implica cambiar solamente la estructura política e institucional, requiere asimismo cambiar las relaciones sociales, la cultura y la economía.

La refundación imaginada. El proceso de refundación obedece a una lógica y a una secuencia. Primero, se propone y construye un pacto social con la participación y consenso de todos los sujetos y actores sociales; dicho pacto es el corazón de un proyecto refundacional. En segundo lugar, se convoca a una Asamblea Nacional Constituyente (ANC), originaria, incluyente y participativa. La ANC no constituye un fin en sí mismo, sino que tiene un carácter instrumental.

En tercer lugar, se discute y redacta una nueva Constitución, inspirada en un constitucionalismo de nuevo tipo, que perfecciona el constitucionalismo liberal clásico y profundiza el constitucionalismo social. En ese sentido, la nueva Constitución debe ser, antes que nada, la expresión jurídico-política del nuevo pacto social.

El proceso de refundación del Estado y de transformación de una sociedad es un proceso histórico de largo plazo; en la transición emergerán instituciones y mentalidades híbridas que irán anunciando lo nuevo y al mismo tiempo parecerán confirmar lo viejo. Las alianzas irán cambiando, al igual que los métodos e instrumentos de lucha. Se darán muchos pasos hacia atrás, pero lo importante es que éstos sean menos que los pasos hacia adelante.

Finalmente, quiero rendir tributo al más grande constitucionalista de Honduras: Efraín Moncada Silva (1933-2013), quien no traicionó sus ideales de juventud y compartía plenamente las ideas aquí expuestas.

REFUNDACIÓN DEL ESTADO Y CONSTITUCIONALISMO TRANSFORMADOR

(Escrito en 2011)

En consonancia con la obra del sociólogo portugués Boaventura de Sousa Santos sobre la "Refundación del Estado en América Latina", conviene definir el significado de los términos refundación y constitucionalismo.

Entendemos por refundación como "la reorganización del conjunto de estructuras e instituciones para que vuelvan a funcionar con normalidad". El constitucionalismo, de acuerdo con el profesor argentino Sánchez Viamonte significa "la supremacía de una Constitución escrita en una sociedad política y la subordinación a sus disposiciones de todos los actos emanados de los poderes constituidos que forman el gobierno ordinario".

En esta ocasión nos referiremos a los distintos tipos de constitucionalismo: clásico o liberal, moderno o social, y el transformador.

La refundación del Estado presupone un constitucionalismo de nuevo tipo, es decir, un constitucionalismo transformador que es muy distinto al constitucionalismo moderno. Este último, fue concebido con el objetivo de constituir un Estado con características bien definidas: espacio geopolítico homogéneo donde las diferencias étnicas, culturales, religiosas o regionales no cuentan o son suprimidas, fronteras delimitadas que lo diferencian en relación al exterior y lo cohesionan al interior; organizado por un conjunto integrado de instituciones funcionando en todo el territorio; con capacidad para identificar a sus habitantes; regulado por un solo sistema de leyes; y, poseedor de una fuerza coercitiva la cual le garantiza la soberanía interna y externa.

El constitucionalismo transformador que expresa la voluntad constituyente de las clases populares se manifiesta a través de una intensa movilización social y política, protagonizada por los excluidos y marginados. El objetivo de esta nueva corriente es expandir el campo de lo político más allá del horizonte liberal, a través de una institucionalidad nueva (plurinacionalidad), una territorialidad nueva (autonomías asimétricas), una legalidad nueva (pluralismo jurídico) y un régimen político nuevo (democracia intercultural).

Diferencias y semejanzas. A pesar de las diferencias, los procesos constituyentes revelan con igual nitidez las dificultades de realizar dentro del marco democrático, transformaciones políticas profundas e innovaciones institucionales que superen el horizonte liberal de la modernidad occidental. Lo común de estos procesos son: el carácter plurinacional o simplemente intercultural del Estado; el manejo de los recursos naturales y el ámbito del derecho de los pueblos indígenas (consulta previa o consentimiento previo); la cuestión autonómica y los límites de la jurisdicción indígena. Asimismo, hay que agregar los enfoques renovados sobre la descentralización, la regionalización, las autonomías y el derecho humano al agua.

La hegemonía. En los procesos de refundación del Estado está en juego una nueva hegemonía. Esta categoría se encuentra ligada a la idea de supremacía y significa —en pocas palabras— la "capacidad de un grupo o clase social de mantener su liderazgo moral, político e intelectual en una sociedad".

Pues bien, una Constitución es un instrumento que expresa la hegemonía en una sociedad y los procesos constituyentes plasman una correlación de fuerzas en un momento histórico determinado. Las instituciones hegemónicas son la expresión de la inercia de las clases sociales e ideas hegemónicas; son relaciones sociales y por eso campos de disputa, pero son asimétricas y desiguales en las posibilidades de lucha que ofrecen a los diferentes grupos en conflicto.

En nuestro país es perceptible una nueva dinámica constitucional y la tendencia apunta hacia una creciente tensión entre el constitucionalismo moderno o social (resumido magistralmente en las 84 recomendaciones de la Comisión de la Verdad y la Reconciliación, CVR), y el constitucionalismo transformador planteado en la "necesidad histórica" —al decir de Rodil Rivera Rodil— de convocar a una Asamblea Nacional Constituyente.

El constitucionalismo clásico o liberal, encarnado en la Carta Magna de 1982 y sus artículos irreformables o pétreos, ha perdido terreno desde el 2009 y, especialmente, después de la última reforma del Artículo 5 Constitucional en 2011.

¿Qué se entiende entonces por refundación? Es la reorganización del conjunto de estructuras e instituciones para que vuelvan a funcionar con normalidad la supremacía de una Constitución escrita en una sociedad política y la subordinación de todos a sus disposiciones.

SIETE DIFICULTADES DE LA REFUNDACIÓN DEL ESTADO

El tema es una novedad en la agenda política nacional desde el momento que un nuevo partido político, Libertad y Refundación (Libre), lo ha proclamado en sus estatutos como su finalidad principal: la refundación del Estado y la transformación de la sociedad hondureña.

Sin embargo, hay que hacer dos advertencias. En primer lugar, la refundación es una tarea compleja, de largo plazo y será obra de varias generaciones. En segundo lugar, es relativamente más fácil acceder al poder político del Estado que llevar a cabo su refundación. Las experiencias de Nicaragua y El Salvador lo demuestran de manera muy clara.

En ese sentido, el sociólogo portugués Boaventura de Sousa Santos, en su libro "Refundación del Estado en América Latina" enumera siete dificultades para su realización concreta.

Primera: no es fácil transformar una institución que, en su forma moderna, tiene más de 300 años. Además, ¿cómo se puede transformar radicalmente una entidad cuando el objetivo último es, de hecho, mantenerla? Refundar un Estado no significa eliminarlo. Al contrario, presupone reconocer en él capacidades de ingeniería social que justifican la tarea política de refundación.

Segunda: la larga duración histórica del Estado moderno hace que esté presente en la sociedad mucho más allá de su institucionalidad y que, por lo mismo, la lucha por la refundación del Estado no sea una lucha política en sentido estricto, sino también una lucha social, cultural, por símbolos, mentalidades y subjetividades. Es la lucha por una nueva hegemonía.

Tercera: esta lucha no puede ser llevada a cabo sólo por los grupos históricamente más oprimidos (los pueblos indígenas originarios, los afrodescendientes, los campesinos y las mujeres); es necesario crear alianzas con grupos y clases sociales más amplios.

Cuarta: la refundación del Estado es más que nada una demanda civilizatoria y, como tal, exige un diálogo intercultural que movilice diferentes universos culturales y distintos conceptos de tiempo y de espacio; para que tenga lugar este diálogo intercultural es necesaria la convergencia mínima de voluntades políticas muy diferentes e históricamente formadas más por el choque cultural que por el diálogo cultural, más por el desconocimiento del otro que por su reconocimiento.

Quinta: por su ámbito, la refundación del Estado no implica cambiar solamente su estructura política, institucional y organizacional; más bien, requiere cambiar las relaciones sociales, la cultura y, en especial, la economía.

Sexta: en tanto que para los aliados del movimiento indígena la refundación del Estado significa crear algo nuevo, para el movimiento indígena, el Estado a refundar tiene sus raíces en formas que precedieron la Conquista y que, a pesar de la represión, lograron sobrevivir de modo fragmentario y diluido en las regiones más pobres y remotas del continente.

Séptima: el fracaso de la refundación más ambiciosa del siglo pasado, el Estado de los Soviets (la Rusia actual) pesa fuertemente en la imaginación política emancipadora. En cambio, la transformación progresista menos radical (porque es reformista) del Estado moderno —la socialdemocracia europea—, sigue atrayendo a los líderes populistas del continente por más que se insista en ciertos círculos de poder mundial en declararla históricamente superada.

La magnitud de la tarea muestra que la refundación del Estado es un proceso histórico de largo plazo. En la transición emergerán instituciones y mentalidades híbridas, que irán anunciando lo nuevo y al mismo tiempo parecerán confirmar lo viejo. Las alianzas irán cambiando así como los instrumentos de lucha. Habrá muchos pasos hacia atrás, pero lo importante es que estos sean menos que los pasos hacia adelante.

ANOMIA SOCIAL E INGOBERNALIDAD
(Escrito en 2002)

Cuando las pandillas juveniles o "maras" cobran impuestos de guerra (extorsión) en los territorios que controlan, cuando los sindicalistas o los productores agrícolas toman el control de las carreteras y puentes, cuando instituciones financieras o bancarias quiebran y los pequeños inversionistas son las víctimas, cuando la ola de secuestros es imparable, cuando cada quién hace lo que quiere, y cuando el ciudadano común no se siente obligado a respetar ni siquiera el semáforo de la esquina, un país padece una situación de anomia social y está al borde de la ingobernabilidad.

La anomia (ausencia de ley o conjunto de situaciones que derivan de la carencia de normas sociales o de su degradación), es a la sociedad lo que la ingobernabilidad es al sistema político. Esta categoría sociológica pretende explicar ciertos problemas de la relación entre los ciudadanos y las leyes y normas sociales de un país. Está considerada como una verdadera enfermedad social y, literalmente, significa la ausencia de leyes o la falta de respeto por las existentes.

La anomia es, por excelencia, la antesala de la anarquía, es decir el desorden en que puede caer un grupo cualquiera por falta de autoridad o por autoridad insuficiente, débil, corrompida o equivocada.

Lo más grave de la anomia es que produce un estado de descomposición social muy peligroso, porque desaparecen los parámetros más elementales del comportamiento humano y las personas terminan por no distinguir lo bueno de lo malo, lo lícito de lo ilícito, lo permitido de lo prohibido. Asimismo, provoca una ruptura profunda en el cuerpo social: los ciudadanos no respetan las autoridades ni observan el cumplimiento de las leyes.

Las raíces de la anomia y la ingobernabilidad se encuentran en la corrupción y la falta de legitimidad de las autoridades. La primera tiene un efecto corrosivo sobre los valores ético-sociales en que se sustenta la vida de la sociedad, y la segunda conlleva la pérdida de confianza y credibilidad de los ciudadanos en el sistema. En consecuencia, afirma el ecuatoriano Borja, "las leyes no son acatadas, los derechos naufragan, el gobierno languidece y el orden social se extingue progresivamente".

Este tema está directamente conectado con la discusión sobre los lazos que ligan la base económica de una sociedad con su superestructura ideológica. Frecuentemente, las situaciones de anomia social surgen en virtud de crisis estructurales profundas, de coyunturas de posguerras o de catástrofes naturales (huracanes, terremotos, sequías, inundaciones, etc.), de cambios revolucionarios o fenómenos de decadencia.

Consecuentemente, lo que le da un sentido histórico a la anomia es la notoria falta de correspondencia entre las normas tradicionales y las prácticas emergentes de un sistema. Pero, tan pronto como la clase dirigente del país le imprime un rumbo claro al conjunto de la sociedad, los ciudadanos logran adaptar o cambiar sus esquemas de valores, ya sea en antagonismo, apoyo o indiferencia ante la sociedad que les rodea.

En fin, una sociedad entra en crisis — nos recuerda el teórico italiano Antonio Gramsci— "cuando lo viejo no termina de morir y lo nuevo no termina de nacer".

En el caso de Honduras, vivimos una etapa de transición en varios aspectos. Quizás la gravísima situación del Poder Judicial sea la más representativa.

En efecto, nunca como ahora los distintos actores sociales (empresarios, iglesias, trabajadores) y el mismo Comisionado Nacional de los Derechos Humanos (CNDDHH), habían coincidido en impulsar una reforma profunda y global de la administración de justicia, porque esta es percibida por los empresarios, por ejemplo, como "el poder del Estado más desprestigiado y carente de credibilidad, como un opaco laberinto de corrupción y venalidad".

La Conferencia Episcopal de la Iglesia Católica, por su parte, ha denunciado que "las raíces de la descomposición que vive la administración de justicia hay que buscarlas en la crisis de valores que afecta a casi todos los sectores de la población".

Felizmente, existe una pluralidad de propuestas de la sociedad civil y el gobierno de la República debe tomarlas en cuenta en el diseño e implementación de la reforma. El camino para construir "una Honduras justa y fraterna, trabajadora y unida" está señalado. No permitamos que la anomia social y la ingobernabilidad nos ganen la partida. Comencemos ahora, no hay tiempo que perder.

SOBERANÍA NACIONAL Y GLOBALIZACIÓN

"Un mundo sin soberanía, los Estados entre la astucia y la responsabilidad", es el libro publicado recientemente en Francia por el profesor Bertrand Badie, del Instituto de Estudios Políticos de París.

La tesis central de la obra se resume en que "la globalización de la economía y de las comunicaciones refuerza la interdependencia de los Estados, pero conlleva un retroceso irremediable de la primacía de la soberanía nacional en beneficio de los valores comunes de la humanidad".

La intervención de la Organización del Tratado del Atlántico Norte (OTAN) en Yugoslavia confirma de manera espectacular esta tesis. La guerra en los Balcanes muestra las fracturas de la soberanía como eje ordenador de las relaciones internacionales. Sus antecedentes posmodernos se encuentran en la intervención dirigida por los Estados Unidos de América (EEUU) en Somalia y en Haití, en la primera mitad de los noventa. Asimismo, los principios rectores de la Carta de la ONU han sido seriamente vulnerados y puestos en entredicho.

Las relaciones internacionales de fin de siglo están sometidas a cambios drásticos y sobrepasan el campo de la diplomacia tradicional. En su configuración gravitan, cada día más, la económica, las comunicaciones, los flujos migratorios, culturales y religiosos, la opinión pública y los problemas éticos.

Los mecanismos de intervención pueden ser directos o indirectos, políticos o militares, a veces se utilizan organizaciones como la ONU, la OTAN, el Banco Mundial o el Fondo Monetario Internacional (FMI). En ciertos casos, los problemas se han resuelto, pero el poder nacional en los países en vías de desarrollo ha salido diezmado o menguado.

Por ejemplo, la ejecución y monitoreo de los programas de ajuste económico son digitados desde las sedes centrales del Banco Mundial o del Banco Interamericano de Desarrollo (BID) y los gobiernos locales tienen, en realidad, poco margen de maniobra.

En teoría, "la soberanía corresponde al pueblo" y los ciudadanos eligen democráticamente a sus gobernantes, pero las grandes decisiones son tomadas en los centros mundiales de poder.

En países como la República Democrática del Congo (antes Zaire), el Banco Mundial asumió el control —en forma directa— de la política monetaria y fiscal. En otros, como Haití y Somalia, las Naciones Unidas organizaron una nueva Policía y aseguraron el mantenimiento del orden público.

Nuestro país, Honduras, no es ajeno a este fenómeno. En fecha reciente, algunos gobiernos europeos y ciertas ONG´s internacionales obligaron al gobierno a aceptar una auditoría social sobre la ayuda humanitaria para los damnificados del huracán Mitch.

La comunidad internacional (mejor dicho el G-7, encabezado por EEUU), considera que puede intervenir de manera legitima en cualquier país del mundo cuando los "valores comunes de la humanidad" están en peligro. He allí la novedad: la diplomacia de hoy no se determina únicamente en función de los intereses nacionales, sino en consideración de los denominados "valores comunes de la humanidad".

La esencia del debate se encuentra en el "unilateralismo" de los EEUU en determinar en qué país están en peligro dichos valores. En la práctica, existe la tendencia a confundir el interés nacional del país más poderoso de la Tierra con los valores comunes de la humanidad.

De esta forma, el concepto de soberanía nacional ha sido gradualmente vaciado de contenido y sustituido por el concepto de responsabilidad. Dicho de otra manera, los Estados nacionales son cada día más responsables ante la comunidad internacional del respeto de los derechos humanos fundamentales de sus habitantes y, esta, de manera unilateral, califica la conducta de los mismos.

Evidentemente, un mundo con soberanías nacionales disminuidas o desmanteladas, puede desatar peligros mayores. En esas democracias "llave en mano", el ciudadano común y silvestre pierde el control de los procesos políticos. El elector elige a sus autoridades, pero éstas no tienen el control pleno de los hilos del poder. Los espacios de poder que le quedan a los gobernantes son obligados a compartirlos con organizaciones no electivas de "la sociedad civil". Ello significa una peligrosa regresión de la democracia, donde los individuos tienden a refugiarse en identidades étnicas, religiosas o culturales, que a menudo no son ajenas a las crisis y al caos en muchas partes del mundo.

En definitiva, la única ventaja en este proceso de erosión del concepto de soberanía nacional podría ser la toma de conciencia de un derecho universal. En la actualidad, el controvertido derecho de intervención por razones humanitarias es una práctica cada día más aceptada, pero su aplicación debería ser consensuada en el Consejo de Seguridad de la ONU, para evitar el derrumbe del Derecho Internacional.

TERRORISMO Y GLOBALIZACIÓN

(Escrito en 2001)

El 11 de septiembre del 2001, el país más poderoso del planeta fue víctima del ataque terrorista más audaz que registra la historia.

También, desapareció para siempre la diferencia que existía entre conflicto local y conflicto global, porque "la globalización no es un fenómeno económico ni político, sino más bien el resultado del progreso tecnológico en las áreas del transporte, logística y comunicaciones; es un proceso que se inició hace miles de años y que se ha venido acelerando hasta convertir al mundo en lo que hoy con frecuencia llamamos aldea global".

Por supuesto, la globalización también incluye sus aspectos más sombríos, como ser la contaminación, el deterioro del ambiente y el terrorismo. Un terrorismo de nuevo tipo, que en el siglo XXI ha sido definido como una "forma muy antigua de violencia política empleada por grupos ultra minoritarios resueltos a conquistar por la fuerza el poder en un territorio determinado. Aún habrá que soportar asesinatos de dirigentes, destrucciones de lugares de poder o lugares públicos, secuestros de medios de transporte, etc. Aparecerán también formas nuevas de acción: utilización de armas radioactivas, químicas, bacteriológicas y biológicas, envenenamiento de aguas, secuestro de redes informáticas, alteración de climas, modificación genética de plantas o de virus".

De esta forma, el ataque terrorista al corazón político, económico y militar de los EEUU ha desatado un conflicto de proporciones mundiales y de consecuencias impredecibles. Por ello, la vida de los estadounidenses nunca será igual y probablemente en el resto del planeta tampoco. Tenemos que aprender a sobrevivir con un terrorismo global en la aldea global.

El primer paso en una guerra es identificar el enemigo: se le llama terrorismo fundamentalista inspirado en un integrismo islámico, personificado en la figura de Osama Bin Laden y no el Mundo Árabe.

El problema es que la lucha contra el terrorismo incluye a los países que les dan albergue, y si no se actúa con tacto se puede transformar en una confrontación entre Occidente y el Islam, tal como lo advirtió Samuel Huntington (Nacido en 1927 en Nueva York; fallecido en 2008. Politólogo y profesor de Ciencias Políticas en el Eaton College y Director del Instituto John M. Olin de Estudios Estratégicos de la Universidad de Harvard), hace algún tiempo.

En esa dirección, Bin Laden precisó la naturaleza del conflicto: se trata de una Guerra Santa y su propuesta es liberar los lugares santos del Islam (La Meca y Jerusalén) de manos de los infieles, es decir, todos aquellos que no profesan el islam como religión. El objetivo global del fallecido Bin Laden es el establecimiento de un Estado islámico a nivel mundial.

Por ello, el planteamiento político de los fundamentalistas es francamente reaccionario y pretende establecer un orden contrario a los valores de Occidente, mismos que son compartidos por gente de todas las tendencias y horizontes.

México es el país latinoamericano que ha marcado el rumbo a seguir. En el planteamiento hecho por el mandatario azteca en su momento ante la OEA propugnó por un nuevo concepto en materia de seguridad hemisférica.

El presidente mexicano de ese entonces, Vicente Fox dijo en Washington que las principales amenazas "no son las ideologías, no son los Estados, son los nuevos actores no estatales de las relaciones internacionales, son el terrorismo, las enfermedades, el crimen organizado, el lavado de dinero... Éstas son las nuevas amenazas contra las que hay que tratar de organizarse". Centroamérica debería hacer suyo el planteamiento de nuestros vecinos del norte. Ella podría ser la base de una respuesta latinoamericana a la crisis.

El terrorismo es una amenaza global y la estrategia para combatirlo también debe ser global. El terrorista global no podrá ser derrotado por un solo Estado, por poderoso que sea.

En la medida en que se entierran los muertos y se limpian los escombros, se va configurando una vasta alianza antiterrorista mundial liderada por los EEUU, en la cual participarán la mayoría de los países del mundo, incluyendo a los paises denominados "moderados" dentro del Mundo Árabe.

Tenemos que aprender a vivir, convivir y sobrevivir en un contexto de cambios profundos y de conflictos de contornos indefinidos. La confrontación global entre el islam y el cristianismo es milenaria, pero también es cierto que esas civilizaciones han vivido largos períodos de paz. No podemos perder de vista que el conflicto en el Medio Oriente es el telón de fondo de los atentados terroristas. Entonces, "mientras Palestina e Israel no alcancen una paz justa y duradera en la que la seguridad mutua no esté garantizada por la comunidad internacional, el Medio Oriente seguirá siendo la región más conflictiva e inestable del planeta y los efectos de ese antagonismo milenario repercutirán en los puntos más inesperados".

Evidentemente, después de los trágicos acontecimientos del 11 de septiembre, las relaciones de EEUU hacia América Latina serán revisadas. De igual manera, los conflictos y controversias de fronteras e intercambios comerciales que se han desarrollado entre los diferentes países centroamericanos pasarán a un segundo plano.

En conclusión, debemos tener presente que la autonomía relativa de nuestros países no se fortalece sustrayéndose de los fenómenos globales sino participando e influyendo en los asuntos mundiales que nos afectan, en particular a través de los organismos regionales o subregionales.

EL ESTADO CLIENTELAR Y EL SERVICIO CIVIL
(Escrito en 2015)

Desde hace varios años, el FMI ha presionado a los diferentes gobiernos hondureños para que adopten una nueva ley de servicio civil. Esta exigencia sigue siendo una de las condiciones impuestas para el otorgamiento de más préstamos.

Los expertos del FMI son del criterio que la emisión de una nueva ley pondría fin a la desigualdad e inequidad salarial existente entre los distintos regímenes de trabajo vigentes en la administración pública. Pero el asunto no es tan sencillo como parece y un abordaje inapropiado podría desestabilizar la frágil democracia hondureña.

Como se sabe, la Ley de Servicio Civil vigente fue promulgada en 1967 durante el segundo gobierno de López Arellano. Casi medio siglo después, el país carece de un cuerpo de servidores públicos profesionales, capaces y eficientes. Aparte de las Fuerzas Armadas y el Banco Central, el resto de las instituciones del Estado son coto de caza de los políticos corruptos. Destruyen todo lo que tocan.

Pero, ¿cuáles han sido los obstáculos fundamentales para que el Servicio Civil siga siendo una quimera? En nuestro concepto, los obstáculos son dos: 1. La concepción patrimonialista y clientelar del Estado que tienen la mayoría de los líderes y dirigentes de los partidos políticos, y 2. La falta de transparencia en los asuntos públicos.

Para desgracia de nuestro país, buena parte de los líderes nacionales conciben la administración pública como un botín a repartir entre amigos y parientes. El clientelismo político y la deducción obligatoria del 5% de los salarios a la mayoría de los empleados y funcionarios que hace, de manera sistemática, el partido de gobierno, son las bases materiales para que las cosas sigan como están. He aquí las razones para que seriamente nadie se comprometa con el establecimiento de un verdadero Servicio Civil.

Estas deducciones —a todas luces ilegales — alcanzan cifras millonarias. Una fuente ligada a las tesorerías de los partidos estimó que el partido de gobierno recibe un promedio de 50 millones de lempiras anuales y al final del cuatrienio puede acumular hasta 200 millones. Es más, en lo que va de vida democrática, ningún partido político ha rendido cuentas, de manera seria, a pesar de que es un mandato de la ley electoral. El trinquete funciona a la perfección porque los partidos también controlan al controlador, es decir, al Tribunal Supremo Electoral. Está claro, entonces, que los problemas y obstáculos al proceso (fallido) de modernización del Estado en general y del Servicio Civil en particular, no residen en la inexistencia de leyes y de reglamentos sino en la inobservancia de ellas.

Naturalmente, que el país ha pagado caro la existencia de una administración pública politizada e ineficaz. Las consecuencias han sido funestas para el desarrollo nacional y amenazan con llevar al Estado a un colapso administrativo y fiscal. Veamos, a partir de los años sesenta del siglo anterior, se promulgó el Código del Trabajo que facilitó la sindicalización de los trabajadores del sector público y la suscripción de contratos colectivos de trabajo.

Asimismo, en los años ochenta los ejecutivos y técnicos de la administración pública central, especialmente de los sectores de educación y salud, lucharon por el reconocimiento de regímenes especiales de trabajo denominados estatutos del docente y del médico empleado.

Esta situación provocó un crecimiento incontrolado de la masa salarial que se estima insostenible. El problema de fondo es que la masa salarial crecía más rápido que la capacidad del Estado de captar ingresos tributarios. La situación se agravó cuando los grupos criminales infiltraron las entidades policiales y la expansión de las maras o pandillas facilitó la creación de un sistema paralelo de tributación a través del cobro del mal llamado "impuesto de guerra". La solución fácil pero irresponsable de los gobiernos ha sido el preocupante endeudamiento, tanto interno como externo, del Estado.

Honduras destinará en el 2016 casi el 50% de los tributos que recauda al pago de capital e intereses de la deuda pública. El resto es utilizado para pagar sueldos y salarios de los empleados públicos. Para inversión pública en infraestructura o proyectos de desarrollo social no queda casi nada.

Para enfrentar la crisis fiscal más grande que ha experimentado el país en los últimos años el gobierno impulsa al menos tres acciones: crea y aumenta los impuestos, intenta —de manera errática— mejorar la recaudación de tributos, y ha derogado o reformado leyes que contienen los estatutos de los gremios o suprime contratos colectivos vigentes en las instituciones autónomas y descentralizadas del Estado. La clase media prácticamente se ha convertido en media clase.

Vamos por mal camino, pero todavía no es el fin del mundo. La salida a la crisis podría ser la suscripción de un acuerdo nacional que incluya entre otros: (1) el establecimiento de un pacto fiscal y tributario —que impulsa el Instituto Centroamericano de Estudios Fiscales— anclado en el mejoramiento de la capacidad del Estado para recaudar tributos. (2) Desarrollar una política que garantice el poder adquisitivo de los asalariados y de estabilidad de sueldos y salarios a nivel nacional, y; (3) Las garantías para la implementación de la carrera administrativa de manera gradual y progresiva en algunas instituciones del Estado, en el segmento técnico administrativo de las mismas.

La madre del cordero se encuentra en la pérdida de treinta mil millones de lempiras anuales vía exoneraciones fiscales (el gobierno de Lobo Sosa intentó hacer algo y terminó otorgando más exoneraciones) y en otros treinta mil millones más que se pierden vía defraudación fiscal. Total, sesenta mil millones de lempiras (unos USS 2,521 millones de dólares) anuales perdidos.

Para terminar, estamos obligados a tomar en serio lo que está ocurriendo. Las recetas de los organismos financieros internacionales no son siempre las mejores. No podemos permitir que la corrupción, la inflación y la devaluación acelerada de nuestra moneda condene a millones de personas al empobrecimiento generalizado y a la desesperanza. Un estallido social espontaneo e incontrolado no es descartable. El hambre es mala consejera.

II. LA CRISIS DE LA DEMOCRACIA REPRESENTATIVA

EL CONGRESO NACIONAL EN CIFRAS

(Escrito en 2013)

En Honduras, el control del Congreso Nacional (CN) de la República es una de las claves fundamentales del poder. El Legislativo tiene, además de las tradicionales atribuciones de crear leyes, interpretar la Constitución y aprobar el Presupuesto General de la República, la de destituir al presidente de la República, a los magistrados de la Corte Suprema de Justicia y a otros altos funcionarios, vía juicio político. En pocas palabras, el poder real está en el Congreso Nacional.

Asimismo, el Legislativo tiene la facultad de elegir a 28 altos funcionarios del Estado de 13 instituciones vitales —sin incluir el Fondo de Desarrollo Departamental, que es la oficina de subsidios que manejan los diputados— para la gobernabilidad democrática del país.

Ello significa el control de miles de millones de lempiras del presupuesto (vulgarmente se le llama "la chequera") y la posibilidad de influir en el nombramiento de muchísimos funcionarios y empleados públicos. En esencia, se trata de la matriz del Estado clientelar y prebendario.

Simplificando las cosas, dicen mis interlocutores, conocedores experimentados del tinglado legislativo, que "quien tiene la chequera tiene el poder". Para tener una idea aproximada del poder real del CN, esta es la lista de esas 13 instituciones, su presupuesto anual y la duración de los mandatos que, en algunos casos, se prolongarán hasta el año 2023.

Mención aparte merece el Ministerio Público, porque la mayoría mecánica del partido de gobierno realizó una elección considerada como fraudulenta y que es cuestionada por los partidos de oposición. Recordemos que los anteriores titulares fueron destituidos en septiembre de 2013 antes de concluir su mandato en marzo de 2014. Es probable que se produzcan cambios, en el supuesto que los partidos de oposición logren el control del Congreso (2014-2018).

TRECE INSTITUCIONES VITALES BAJO CONTROL DEL PODER LEGISLATIVO

INSTITUCIÓN	PRESUPUESTO	PERIODO
Congreso Nacional	L.490,000,000.00 US$ 20,591,523.02	de 25/1/2014 a 20/01/2018
Procuraduría General	L. 48,000,000.00 US$ 2,017,128.00	de 27/01/2014 a 27/01/2018
Comisionado Nac. DDHH (Conadeh)	L.64,000,000.00 US$ 2,689,505.05	de 12/03/2014 a 12/03/2020
Tribunal Supremo Electoral (TSE)	L.591,000,000.00 US$ 24,835,898.17	de 14/05/2014 a 14/05/2019
Registro Nacional de las Personas	L. 449,000,000.00 US$ 18,868,558.85	de 14/05/2014 a 14/05/2019
Tribunal Superior de Cuentas	L. 220,000,000.00 US$ 9,245,173.00	de 14/10/2014 a 14/10/2019
Corte Suprema de Justicia (CSJ)	L.1,824,000,000.00 US$ 76,650,893.84	de 26/01/2016 a 26/01/2023
Superintendencia de Concesiones/Licencias	L.45,517,519.88 US$ 1,912,806.24	de 26/01/2016 a 26/01/2023
Ministerio Público	L.996,000,000.00 US$ 41,855,422.29	de 01/09/2013 a 01/09/2018
Procuraduría del Ambiente	L. 43,000,000.00 US$ 1,807,011.20	SIN DATOS
Comisión de Defensa y Promoción de la Competencia	L.17,000,000.00 US$714,399.78	SIN DATOS
Instituto de Acceso a la Información Púb.	L. 32,000,000.00	SIN DATOS
Consejo de la Judicatura de la CSJ	SIN DATOS	SIN DATOS

En definitiva, para avanzar en la construcción democrática, necesitamos urgentemente un acuerdo de los partidos de oposición, para elegir una Junta Directiva del Congreso Nacional de carácter rotativo y de un año de duración, elaborar un nuevo Reglamento Interior, y alcanzar un acuerdo nacional, con la participación de la sociedad civil, sobre un nuevo mecanismo de selección y elección de los titulares de las instituciones que nombra el Congreso Nacional que garantice la elección de hombres y mujeres independientes, imparciales, honestos y cuyo único compromiso sea con Honduras.

EL CONGRESO NACIPNAL Y LA IRRETROACTIVIDAD DE LA LEY

La irretroactividad es un principio cardinal de la ciencia del Derecho y debe entenderse en el sentido siguiente: "Las situaciones y relaciones jurídicas se rigen conforme a las reglas vigentes al momento de constituirse esos vínculos, en virtud de la certeza que debe imperar en el ordenamiento jurídico, de modo que los administrados puedan saber a qué atenerse en las relaciones con el Poder Público".

Este principio está encaminado a evitar los trastornos económicos y sociales emergentes de toda regresión al pasado. En nuestro país, el referido principio tiene rango constitucional y se encuentra en el Artículo 96:

"La ley no tiene efecto retroactivo, excepto en materia penal cuando la nueva ley favorezca al delincuente o procesado".

Se trata, pues, de una prohibición absoluta al legislador ordinario y únicamente el legislador constituyente puede cambiarla.

Origen e importancia. La irretroactividad de la ley nace con el Derecho Romano y se extendió más tarde a la legislación de casi todos los países de Europa y América. Intelectuales como Benjamin Constant (1767-1830) —contemporáneo de José Cecilio del Valle— rechazaron toda fuerza retroactiva de las leyes, y la calificaron como "el peor atentado contra la seguridad jurídica".

"Un error que conviene disipar —dice el doctor Juan José Soler— es el de considerar que la irretroactividad solo sirve al interés privado. Sin negar su importancia en el Derecho privado, resalta su trascendencia en el Derecho público. Sirve al individuo pero también a la colectividad, acaso en mayor grado, porque tiende a dar firmeza al ordenamiento jurídico, que es de carácter social".

En general, el efecto retroactivo está prohibido por razones de orden público. Las personas tienen confianza en la ley vigente, y conforme a ella celebran sus transacciones y cumplen sus deberes jurídicos. Dar efecto retroactivo a una ley equivale a destruir la confianza y la seguridad que se tiene en las normas jurídicas. El principio de irretroactividad está incluido en casi todas las constituciones del mundo entre las garantías y derechos individuales o en leyes ordinarias.

En el primer caso, se dice que es constitucional y en el segundo meramente legislativo. En la irretroactividad constitucional las restricciones son permanentes, en tanto que en la irretroactividad legislativa, las condiciones son variables y quedan sometidas al libre criterio del legislador. La irretroactividad puede ser absoluta o relativa. Es absoluta —como es el caso de Honduras— cuando en la Constitución se dice que ninguna ley puede tener efecto retroactivo. Es relativa cuando se circunscribe a una materia o aparece atemperada por excepciones.

La naturaleza jurídica del principio de irretroactividad es la premisa, según la cual, en la generalidad de las circunstancias se prohíbe, con base a la preservación del orden público y con la finalidad de plasmar la seguridad y estabilidad jurídicas, que una ley tenga efectos con anterioridad a su vigencia, salvo circunstancias especiales que favorezcan, tanto al destinatario de la norma como a la consecución del bien común, de manera concurrente.

La retroactividad de las leyes de orden público es el punto más delicado en el tema que nos ocupa. La calificación de una ley de orden público no puede quedar librada a la discrecionalidad del legislador. Hay que evitar el abuso de estas leyes, que como resabios del absolutismo, entorpecen la implantación integral de un Estado de Derecho.

No obstante que Honduras es un país de élites con tradiciones autoritarias y con tendencias al absolutismo, están errados quienes creen —al decir de Laura Restrepo— que “nuestra única ley es la que escribe el viento en la arena y nuestra única justicia es la que se cobra por la propia mano”.

Una nación ha extraviado su rumbo y camina al abismo cuando cambian las leyes al capricho de los gobernantes, para satisfacer ambiciones personales o de grupo; y, cuando infringen principios como el de irretroactividad de la ley. Señores del gobierno Lobo-Hernández: rectifiquen antes que sea demasiado tarde.

“Los errores en política son como plagas que sacrifican generaciones y hacen desaparecer pueblos enteros”.

EL CONGRESO NACIONAL EN SU LABERINTO

(Escrito en 2013)

Actualmente, Honduras vive una situación de caos constitucional y el Congreso Nacional está en un laberinto. Dicho poder del Estado, controlado por el partido de gobierno, en sus postrimerías ha comenzado una carrera frenética, para reformar leyes ordinarias y —por enésima vez— la Constitución. Lo anterior huele a trampa.

La jugada es que el gobierno de Lobo Sosa asuma la responsabilidad histórica del nuevo "paquetazo". Es el más brutal y despiadado de todos los habidos en la historia reciente. Para entender la magnitud del problema nos referiremos a tres puntos: a) Concepto de Legislatura. b) La cuestión de los periodos de sesiones, y; c) El significado de la palabra "subsiguiente".

Concepto de Legislatura. "Es el tiempo durante el cual está reunido el congreso o parlamento". La duración del mandato de los legisladores (diputados) determina la duración de la legislatura. Si el mandato de los legisladores es de cuatro años la legislatura tiene una duración de cuatro, a su vez, dividido en cuatro períodos ordinarios de sesiones.

Así es en todos los países civilizados. Aquí caemos en el primer error. En Honduras, los legisladores inventaron un nuevo concepto de legislatura: periodo anual de sesiones. Dado lo anterior, en cada periodo de gobierno no hay una legislatura sino cuatro. Una por año. Naturalmente, que esto le conviene al partido en el poder, para reformar la Constitución a su gusto y conveniencia. No olvidemos que el procedimiento de reforma constitucional exige una mayoría de 2/3 de la totalidad de sus miembros y una ratificación, por igual número de votos, en la subsiguiente legislatura.

Periodos de sesiones. El Congreso Nacional se reúne en sesiones ordinarias y extraordinarias. El periodo ordinario de sesiones comienza el 25 de enero y clausura el 31 de octubre de cada año. Durante este periodo hay un receso que va del 1 al 31 de mayo.

No existe un periodo de sesiones extraordinarias propiamente dicho.

El Reglamento únicamente dice cuándo tiene lugar. Entonces se produce cuando: a) Lo solicite el Poder Ejecutivo. b) Cuando sea convocado por la Comisión Permanente, y; c) Cuando así lo acuerde la mitad más uno de sus miembros.

La clave está en el decreto de prórroga. "Las sesiones ordinarias podrán prorrogarse por el tiempo que fuere necesario a solicitud de uno o más diputados o a solicitud del Poder Ejecutivo".

Aquí viene el segundo error. El Decreto de prórroga allana el camino a la arbitrariedad y genera condiciones para el abuso de poder. La discrecionalidad erosiona la confianza.

La palabra "subsiguiente". Según la Real Academia Española, significa "el que viene después del que sigue inmediatamente". El Congreso Nacional mediante Decreto No. 169-86 (octubre 30, 1986) acordó que "la expresión subsiguiente que aparece (en dichos artículos) deberá entenderse como el que sigue de inmediato".

De esta manera, se cambió el significado de la expresión "subsiguiente" vía interpretación de los artículos 373 y 374 y se cayó en el tercer error que planteamos. Creer que el Congreso Nacional lo puede todo, incluso cambiar el significado de las palabras.

En resumen, una de las causas de la inestabilidad político-constitucional de Honduras se encuentra en la interpretación de las palabras mencionadas. En sus 31 años de vigencia, la Constitución ha sido objeto de más de 60 enmiendas, reformas expresas o tácitas, interpretaciones y adiciones, o sea, dos reformas por año. Para salir del laberinto es conveniente buscar nuevas avenidas de entendimiento y de concordia, a través de una Constitución que responda a la voluntad y aspiraciones del Soberano.

INMUNIDAD PARLAMENTARIA E IMPUNIDAD
(Escrito en 2002)

La inmunidad parlamentaria en nuestro país es un instituto de Derecho Constitucional que padece una crisis de legitimidad, producto de los excesos de quienes ejercen el poder. La lógica de la crisis hay que buscarla en hechos como el otorgamiento —en 1989— de inmunidad perpetua a los expresidentes del Poder Legislativo, y en la búsqueda que de ella hacen algunas personas para escapar de la persecución judicial.

De esta manera, con el andar del tiempo en los caminos de la democracia, nació la casta de los intocables.

Históricamente, la inmunidad parlamentaria ha sido un sistema de protección contra las amenazas o medidas de intimidación, que pudiere ser objeto un parlamentario con ocasión del ejercicio de su mandato. En ese orden, la inmunidad transita por dos avenidas: la irresponsabilidad y la inviolabilidad.

La irresponsabilidad es una inmunidad de fondo, absoluta y perpetua. Consiste, según el Art. 200 No. 3 Constitucional, en que "los diputados no son responsables en ningún tiempo por sus iniciativas de ley ni por sus opiniones vertidas durante el desempeño de su cargo".

La irresponsabilidad tiene ciertas características: (1) Es a perpetuidad y se proyecta más allá de la duración del mandato, y; (2) Cubre todos los actos de la función —votos, discursos, informes y dictámenes—, entre otros.

El diputado vuelve al campo de aplicación de la justicia común cuando sus actos no son directamente motivados por el ejercicio de su función y, en fin, lo protege tanto de la persecución civil como de la penal. La inviolabilidad, también denominada inmunidad personal por nuestro Derecho Constitucional, es una inmunidad de procedimiento que confiere garantías al parlamentario contra las perspectivas abusivas que podrían llevarse a cabo contra él por hechos distintos relativos al ejercicio de sus funciones.

En tal sentido, la Constitución en su Artículo 200, No. 1 "establece que los diputados no pueden ser sometidos a registros personales o domiciliarios, detenidos, acusados, ni juzgados aún en Estado de Sitio, si el Congreso Nacional no los declara previamente con lugar a formación de causa".

Nuestras leyes —en forma concreta el Artículo 205 No. 15 Constitucional— también han otorgado inviolabilidad o inmunidad personal a los altos funcionarios del Estado, como ser: (1) Presidente de la República. (2) Designados Presidenciales. (3) Diputados al Congreso Nacional de la República. (4) Magistrados de la Corte Suprema de Justicia. (5) Miembros del Tribunal Nacional de Elecciones. (6) Comandante en Jefe de las Fuerzas Armadas. (7) Secretarios y Subsecretarios de Estado. (8) Jefes de Misiones

Diplomáticas, (9) Contralor y Subcontralor de la República. (10) Procurador y Subprocurador de la República y (11) Director y Subdirector de Probidad Administrativa.

Durante la administración Gálvez Durón (1949-1954) también se reformó el Artículo 78 No. 4 de la Ley de Organización y Atribuciones de los Tribunales, según el cual la Corte Suprema de Justicia declarará que ha lugar a formación de causa, por delitos oficiales contra "los Gobernadores Políticos, Administradores de Rentas y Aduanas y Directores Generales de Aeronáutica, Trabajo, de Censos y Estadísticas". (Decreto No. 90; marzo 7, 1951).

En los últimos años se han unido a la lista de funcionarios que disfrutan del privilegio de la inmunidad personal (12) los Diputados al Parlamento Centroamericano, (13) el Fiscal General de la República y el Fiscal General Adjunto, (14) el Comisionado de los Derechos Humanos y los Delegados Regionales, y (15) el Procurador y Subprocurador del Ambiente.

En nuestro país la inmunidad parlamentaria ha sido desnaturalizada por una extensión abusiva, tanto en el tiempo como en el espacio: a) Merced a una interpretación muy discutible de sus alcances, por cuanto, todos los hechos presentes y pasados del parlamentario son cubiertos por la inmunidad personal durante todo el mandato; y b) La misma ha sido otorgada no sólo a los diputados sino a los candidatos a serlo. A este respecto, manda el Art. 200 No. 5 Constitucional, gozarán de la prerrogativa (16) "Los candidatos a diputados desde el día en que sean nominados por sus respectivos partidos políticos".

Más aún: en la Ley Electoral y de las Organizaciones Políticas (Art. 62) se aceleró la dinámica de la desnaturalización al señalar que (17) "Las actuaciones judiciales contra cualquier ciudadano a cargo de elección popular, desde la fecha de su escogencia como candidato de su partido, hasta la declaratoria de elecciones inclusive, no surtirán efecto para inhabilitarlo como tal".

Hacia la mitad de cada mandato presidencial es observable un singular espectáculo: centenares de hombres y mujeres se van posicionando para ocupar cargos de elección popular, condición que los protege de cualquier persecución de parte del gobierno, generalmente del Ministerio Público, o de los particulares. Así, la actividad político-electoral se ha convertido en un espacio poco transparente, donde se realizan transacciones de toda clase y operaciones que ponen al descubierto la miseria de la política (o mejor dicho de nuestros políticos).

En casi dos décadas de construcción democrática, los intentos del Poder Judicial para enjuiciar a diputados se han estrellado ante una solidaridad mal entendida de parte de los miembros del Congreso Nacional. Pero, irónicamente en 1995, un juez ignorante y megalómano humilló y encarceló precipitadamente a dos personas inocentes (una viceministra, y a la Directora General de Censos y Estadísticas) y violó la inmunidad personal, que en razón de sus cargos disfrutaban, en una descarada operación de persecución política.

En conclusión, los constituyentes de 1982 y los diputados que se han sucedido desde esa fecha, han convertido la inmunidad en impunidad, porque mediante las reelecciones sucesivas de estos es prácticamente imposible que la justicia ordinaria pueda juzgarles. Por todo ello, es impostergable una revisión a profundidad del régimen de inmunidades y evitar, de esa manera, el afianzamiento de la impunidad multicolor de los intocables.

Por último. Debido a los frecuentes escándalos de corrupción de algunos funcionarios que disfrutaban del privilegio de la inmunidad, ésta fue simplemente suprimida por el Congreso Nacional vía Decreto No. 175-2003 (octubre 28, 2003) publicado en el diario oficial La Gaceta No. 30,269 (diciembre 19, 2003) y ratificado por Decreto 105-2004 (julio 27, 2004) publicado en La Gaceta No. 30,492 (septiembre 11, 2004).

LA RESPONSABILIDAD HISTÓRICA DE LA ELECCIÓN DE LA CORTE SUPREMA DE JUSTICIA

(Escrita en 2001)

La responsabilidad histórica de la elección de los Magistrados a la Corte Suprema de Justicia pertenece a los miembros de la Junta Nominadora y de los diputados al Congreso Nacional. Sobre ellos recae la responsabilidad de comenzar la construcción de un nuevo sistema de justicia o de repetir una nueva frustración.

La nueva Corte Suprema de Justicia se escogerá bajo el principio de "la Sociedad Civil hace la selección y el Poder Político realiza la elección", el cual significa que "una buena selección es la base para una buena elección". Entonces, si cada uno de nosotros actúa con sabiduría y prudencia y hace lo que corresponde se podría alcanzar el objetivo fundamental del proceso de reforma, cual es elevar el nivel de calidad del sistema de justicia. Dicho en otros términos, si el pueblo vota conscientemente y elige a los candidatos a diputados más capaces y honestos, éstos podrían elegir a los candidatos a magistrados más idóneos.

En realidad, las elecciones generales de noviembre —para esta ocasión, las de 2013— tienen una trascendencia histórica grande porque el pueblo elegirá, de manera indirecta, las máximas autoridades judiciales del país. Conviene no olvidar, que los vientos de renovación y progreso provienen de la Constitución de 1894, una de las más avanzadas que hemos tenido, la cual estableció que los Magistrados de la Corte Suprema de Justicia fueran electos mediante el voto popular, al igual que el Presidente de la República, Diputados y Alcaldes.

Hay que insistir que la selección de candidatos a Magistrados que hará la Junta Nominadora es tan importante como la elección que realizará el Congreso Nacional. Pero, en esta etapa del proceso la gran interrogante es: ¿Qué procedimiento seguirá la Junta Nominadora para escoger a los cuarenta y cinco candidatos semifinalistas a Magistrados de los ciento cuarenta propuestos por las instituciones y organizaciones?

Sin lugar a duda, para alcanzar el cometido es necesario establecer un método científico, porque las leyes promulgadas al efecto solo plasmaron las grandes líneas generales, y consecuentemente, se requiere desarrollar los conceptos y principios en un reglamento. Una idea central sobre el asunto es que toda ley debe tener un reglamento y la Ley Orgánica de la Junta Nominadora no puede ser la excepción.

Existe un consenso nacional en cuanto a considerar la politización sectaria como la principal causa de la corrupción, impunidad y de la mora judicial en ese poder del Estado. De manera que una vez identificado el problema principal, la ley y su reglamento deben orientarse, entonces, a desmantelar la politización sectaria de la escogencia de magistrados y jueces, vale decir, que los funcionarios no sean nombrados en razón de su militancia política sectaria, sino en base a un sistema de méritos académicos, profesionales, éticos y morales.

Teniendo en cuenta que la mayoría de los miembros de la Junta Nominadora consideran al Estado como "el gerente del Bien Común, sería razonable que adoptaran los criterios de selección y reclutamiento utilizados por la empresa privada para contratar a sus ejecutivos y gerentes.

En ese sentido, la única forma objetiva de seleccionar a los cuarenta y cinco semifinalistas es mediante una evaluación que incluya un sistema de puntajes para cada criterio de selección.

Por ejemplo, a cada grado académico (licenciatura, maestría y doctorado) debería asignársele un puntaje y así sucesivamente. De esta manera, no solo se escogerían a los buenos sino a los mejores.

Además, la Junta dispone de otros instrumentos para corregir las faltas u omisiones que las instituciones u organizaciones hayan incurrido al momento de escoger a sus candidatos: la ley contempla una vía libre mediante la cual se pueden hacer auto proposiciones presentadas en forma personal, es decir, sin patrocinadores oficiales; y los ciudadanos pueden plantear denuncias contra los candidatos a Magistrados por delitos de corrupción o violación a los derechos humanos que presuntamente hayan cometido.

En conclusión, la calidad de los Magistrados de la Corte Suprema de Justicia que llevó los destinos del Poder Judicial del 2002 al 2009 estuvo en manos de los electores, de la Junta Nominadora y de los Diputados al Congreso Nacional que fueron electos.

El país necesita urgentemente a hombres y mujeres respetuosos de la ley y no testaferros de facciones político-sectarias o de grupos de interés, que sean capaces de saciar la sed de justicia de un pueblo que como el hondureño es digno de mejor suerte.

LA CORTE SUPREMA DE JUSTICIA QUE EL PUEBLO DEMANDA Y EL PAÍS NECESITA

(Escrito en 2001).

Conviene tener presente que el punto de partida del proceso de reforma judicial que experimenta nuestro país se encuentra en el Informe Especial del Comisionado Nacional de los Derechos Humanos sobre "La necesidad de proteger la Independencia Judicial" (abril 6, 2000), cuyo objetivo fundamental es dotar al país de un Poder Judicial independiente, profesional e imparcial.

Sustancialmente, se trata de ponerle fin a un sistema de casi un siglo de vigencia que produjo, en la mayoría de los casos, inseguridad jurídica, impunidad, corrupción y falta de imparcialidad. Se aspira sustituir un procedimiento, en el cual, la elección de los magistrados del Tribunal Supremo ha sido el producto de oscuras negociaciones entre las cúpulas de los partidos políticos y los grupos de interés, donde ha privado el interés particular sobre el interés general.

Entonces, para evitar que el sistema judicial colapsara totalmente, el Comisionado propuso una operación de salvataje institucional, mediante el establecimiento de un "régimen de autogobierno de la magistratura bajo la dirección y exclusiva competencia de una Consejo General del Poder Judicial y de sus órganos inspectores (...) e instaurar un sistema de ingreso a la Carrera Judicial libre de injerencias políticas y rigurosamente técnico, que asegure el derecho de toda persona a acceder a las funciones públicas en condiciones de igualdad y conforme a su capacidad, méritos y formación moral".

Las reformas aprobadas no van exactamente en la dirección propuesta por el Comisionado, pero este tiene el mérito de haber puesto la primera piedra en la nueva arquitectura institucional del sistema de justicia del país. Las reformas propuestas fueron apoyadas por la Iglesia Católica, el empresariado nacional y algunas organizaciones de la sociedad civil. Seguidamente, el Poder Ejecutivo tomó la iniciativa de conformar una comisión de notables que elaboró un documento que sirvió de base a las mencionadas reformas. Finalmente, el Congreso Nacional estableció las normas y los procedimientos para la elección de los candidatos a Magistrados de la Corte Suprema de Justicia.

Honduras, vive un proceso de transición de una democracia representativa hacia una democracia más participativa. En ese sentido, quizás el rasgo definitorio de esta nueva etapa, sea la creciente participación de la sociedad civil en la conducción de los destinos de la nación.

Estamos pues, en presencia de un proceso de transferencia parcial de un poder del Estado, que históricamente han controlado y manipulado las cúpulas de los partidos políticos, a un conjunto de organizaciones no electivas de la sociedad civil. En pocas palabras, según la reforma en marcha, la sociedad civil hace la selección y el poder político hace la elección.

El proceso de selección, que debería significar también evaluación de los candidatos, es el que genera mayores preocupaciones porque no se dispone ni de la voluntad, ni de mucho tiempo para elaborar las normas básicas que deben orientar el mismo. De igual manera, las instituciones y organizaciones que conforman la Junta Nominadora corren el riesgo de caer en la politización sectaria y seleccionar a personas que sean afines a sus intereses particulares. Así las cosas, los candidatos podrían nacer con el sello de la improvisación producto de la precipitación.

Como sabemos, la selección la harán siete instituciones u organizaciones, las cuales elegirán a un representante ante la Junta Nominadora y elaborarán una lista de veinte candidatos a magistrados.

El presidente del Congreso convocará a la Junta en referencia y seleccionarán 45 candidatos de una nómina de 140, antes de la instalación del nuevo Congreso Nacional. Finalmente, el pleno de la cámara elegirá por una mayoría de dos tercios a los quince magistrados.

El tren de las reforma avanza en la dirección correcta, pero existen muchos peligros y no pocas dificultades que pueden truncar las legítimas aspiraciones del pueblo, porque en nuestro país abundan compatriotas cuyas ambiciones no conocen límites y no tienen conciencia de sus limitaciones. Por ello, es necesario que las personas que aspiran a tales cargos se hagan un examen de conciencia y se interroguen si ellos son parte del problema o de la solución. Si representan un pasado con el que se quiere romper o un futuro que hemos decidido construir.

En tal sentido, es útil recordar que los funcionarios a elegir, además de llenar los requisitos formales, deben ser juristas con credenciales morales y éticas irreprochables y tener las manos limpias, pero sería mejor que esas manos limpias no estén vacías, vacías de obras técnicas y académicas (libros, trabajos de investigación o artículos especializados).

En definitiva, el país necesita una Corte Suprema de Justicia integrada por los mejores hombres y mujeres con la mejor hoja de vida profesional y académica, justa, honesta y experimentada. Dotados de independencia de criterio y libertad de espíritu.

Al Supremo Hacedor del Universo le pedimos que ilumine a los miembros de la Junta Nominadora y a los Diputados al Congreso Nacional para que seleccionen primero y elijan después a las personas con más idoneidad para tan señaladas dignidades, en cuyas manos estarán los fines últimos de la política: la convivencia civilizada y la solución de los conflictos que amenazan nuestra existencia como sociedad.

EL DERECHO DE RESISTENCIA A LA OPRESIÓN Y LA CONSTITUCIÓN

El derecho de resistencia a la opresión está reconocido, de manera limitada, por nuestra Constitución y se encuentra enunciado en el Artículo 3: "Nadie debe obediencia a un gobierno usurpador ni a quienes asuman funciones o empleos públicos por la fuerza de las armas; (...) el pueblo tiene derecho a recurrir a la insurrección para defender el orden constitucional".

Esta norma tiene una trascendencia insospechada, porque legaliza la desobediencia civil contra un Gobierno que tenga su origen en un golpe de Estado, y da luz verde al pueblo para que tome las armas en defensa del orden constitucional.

¿Cuál es el origen de este derecho y cómo fue incorporado a nuestro ordenamiento jurídico? El referido derecho tiene nobles antecedentes en los Fueros de Aragón (1191), en la Carta Magna de Inglaterra (1215) y en la Bula de Oro de Hungría (1222).

Siglos más tarde, John Locke en su obra "Ensayo sobre el Gobierno Civil", publicada en 1690, afirma que "el poder es un depósito confiado a los gobernantes, el pueblo, en tanto que poder soberano, puede recurrir a la insurrección cuando se viola el contrato o pacto político Este derecho se institucionalizó, casi un siglo después, a partir de la independencia de los Estados Unidos (1776) y de la Revolución Francesa (1789). El proceso revolucionario en Francia hizo posible la histórica "Declaración de los Derechos del Hombre y del Ciudadano" de 1793 que estableció "el objeto de toda asociación política es la conservación de los derechos naturales e imprescriptibles del hombre: Estos derechos son la libertad, la propiedad, la seguridad y la resistencia a la opresión".

El fervor revolucionario llegó a su cenit cuando advirtieron que "si el gobierno viola los derechos del pueblo, la insurrección se convierte en el más sagrado de los derechos y en el más indispensable de los deberes". Al concluir la Segunda, Guerra Mundial, la Asamblea General de la ONU aprobó la Declaración Universal de los Derechos Humanos, el 10 de diciembre de 1948.

En uno de los considerandos del referido instrumento se alude al derecho de resistencia a la opresión: "Considerando esencial que los derechos humanos sean protegidos por un régimen de derecho, a fin de que el hombre no se vea compelido al supremo recurso contra la tiranía y la opresión".

En Honduras, el derecho de resistencia fue incorporado a través de la Constitución de 1957 que estableció "la alternabilidad en el ejercicio de la Presidencia de la República es obligatorio. La violación de esta norma da derecho a la insurrección popular".

Este artículo, que es irreformable o pétreo, prohíbe la reelección del Presidente de la República de manera terminante y eleva a la categoría de delito de traición a la Patria para quienes la promuevan.

Como es del conocimiento de todos, esta disposición no impidió que se consumara el golpe militar de 1963 y los focos de resistencia popular fueron brutalmente aplastados. La nueva Carta Fundamental hecha a la medida de los nuevos gobernantes, simplemente suprimió toda referencia al derecho que comentamos.

El derecho de resistencia a la opresión es definido como "el derecho que tiene el pueblo a resistir, incluso por la insurrección, los actos de gobierno que atentan contra las libertades políticas de los individuos, es decir, las garantías individuales". Este instituto se manifiesta de dos formas: la resistencia pasiva o desobediencia civil y la resistencia activa o insurrección.

La desobediencia civil se expresa mediante un conjunto de acciones colectivas de carácter ilegal y no violentas que apelan a principios éticos para obtener un cambio en las leyes. La desobediencia civil ha sido utilizada con mucho éxito por lideres de la talla de Gandhi, que logró la independencia de su país, la India, y por Martin Luther King Jr., gran luchador por los derechos civiles de los afroamericanos.

La resistencia activa o insurrección es un movimiento generalizado de parte de la población contra el poder dominante, que de manera general se puede identificar con el gobierno y se caracteriza por el uso de la violencia.

¿Cómo está regulado el derecho de resistencia a la opresión en el Derecho Positivo en Honduras? Según la teoría política, los ciudadanos pueden apelar a la desobediencia civil en tres circunstancias: (1) En caso de una ley injusta. (2) En caso de una ley ilegitima y (3) En caso de una ley inconstitucional. Sin embargo, hay que advertir que en nuestro ordenamiento legal no existe un mecanismo de resistencia o de desobediencia a una ley injusta.

En la práctica, los diferentes grupos de presión y de interés utilizan múltiples mecanismos para evitar la aprobación de leyes que vulneren sus intereses o reformar las promulgadas. En la mayoría de los casos, las organizaciones empresariales tienen equipos especializados que cabildean las leyes que les interesan. En cambio, los grupos denominados populares (obreros, campesinos, ecologistas, educadores, etnias, mujeres, etc.) recurren a la huelga, a la protesta callejera y hasta a la huelga de hambre.

La gran pregunta es: ¿Pueden los ciudadanos, en un Estado de Derecho, apelar a la desobediencia civil en caso de una ley injusta? En una situación de una ley ilegitima la respuesta es clara. Se trata de una ley promulgada por gobierno usurpador, es decir, surgido de un golpe de Estado. El usurpador, en cualquier circunstancia, carece de legitimidad de origen, y consecuentemente, el pueblo no le debe obediencia.

Finalmente, en el caso de una ley inconstitucional el procedimiento se encuentra establecido en los artículos 184 y 185 de la Carta Fundamental, y las referidas leyes pueden ser declaradas como inconstitucionales por la Corte Suprema de Justicia, por razón de forma o de contenido.

En relación al derecho a la insurrección, la mayoría de los especialistas estiman que el Derecho Positivo no puede consignarlo en un texto legal, porque este derecho es la negación de aquel. En ese sentido, conviene aclarar que la Constitución hondureña lo que reconoce es el derecho de resistencia a la ilegalidad, es decir, a la interrupción del orden democrático producto de un golpe de Estado.

La insurrección únicamente se justifica como mecanismo de defensa del orden constitucional. Sin embargo, no podemos desconocer que el derecho de resistencia a la opresión, en tanto que derecho originario de legítima defensa, es anterior a cualquier norma positiva de gobierno.

En realidad, este derecho en la Constitución no existe, sino a pesar de ella. En suma, ha escrito Linares Quintana, "el derecho de resistencia a la opresión es un derecho de legítima defensa del pueblo contra la tiranía, en salvaguardia de su bien más preciado: la libertad".

EL CONTINUISMO DEL GENERAL TIBURCIO CARÍAS ANDINO 1933-1949

(Escrito en 2015)

Para la Navidad de 1935, el tema de moda era el continuismo, porque el presidente de la República había logrado suprimir las guerras fratricidas "que eran el más nefasto de los males", según dijo.

Muchos ciudadanos de buena fe creyeron que el continuismo —dijo el columnista Gautama Fonseca— los convertiría "en los seres más felices que existen bajo el sol". En realidad, fue solo "una hipocresía de la peor clase elevada al rango de norma jurídica".

El General. Tiburcio Carías ejerció la presidencia de la República desde el 1° de febrero de 1933 hasta el 1° de enero de 1949. Ostenta el récord de ser el hondureño que más tiempo ha ejercido el poder en la historia nacional. La primera etapa fue constitucional y luego se perpetuó en el poder.

El continuismo es, simplemente, la reelección de quien ejerce el poder y lo utiliza discrecionalmente para perpetuarse en él. Don Tiburcio fue electo para un periodo de cuatro años. Hacia 1935 se produjo una coyuntura nacional e internacional favorable y, mediante una pintoresca campaña, sus seguidores enviaron centenares de telegramas al Congreso Nacional, donde suplicaban no olvidar de reformar el artículo que obstaculizaba la continuación en el poder del "hombrón de Zambrano" (Carias medía dos metros y pesaba 250 libras).

Las crónicas más conspicuas de la literatura continuista se encuentran en una publicación casi olvidada que se llama "Libro de Oro del Partido Nacional 1939-1940". Dicho libro contiene las actas de las sesiones celebradas por las Corporaciones Municipales, donde piden al Congreso Nacional la prolongación del periodo presidencial; mensajes telegráficos (que son) vivas demostraciones de lealtad y admiración del Pueblo Hondureño; juicios serenos y apreciaciones en las que figuran algunas de distinguidos liberales, fotografías de manifestaciones continuistas y de bustos del Caudillo. En pocas palabras, un tesoro inapreciable.

En la referida publicación, se utiliza con maestría, la metáfora y la hipérbole para exaltar el culto a la personalidad, los imaginarios beneficios del continuismo y las supuestas ventajas de liquidar las elecciones. El culto a la personalidad. Don Tiburcio Carías fue considerado como un ser sobrenatural "que se yergue con la augusta solidez de una montaña". Fue declarado benefactor, benemérito de la Patria y reformador de Honduras.

Era "el padre amoroso de la familia hondureña" designado por la providencia divina para que coloque al nivel más alto el nombre de Honduras. El fanatismo politico llegó a casos extremos, como el de un pueblo de Intibucá, que dejó constancia para la eternidad, de "estar dispuesto a ofrendar su sangre si fuera necesario, por la causa continuista".

Se sostenía que "el continuismo es una necesidad nacional y la prolongación en el poder (de don Tiburcio) es la prolongación de la paz". Que "es un deber patriótico velar por el indefinido mantenimiento de la paz". Asimismo, se alegó que "el principio de no reelección impide el desarrollo social y económico de la nación". Por todo ello, le ratificamos al caudillo "nuestra siempre y nunca desmentida lealtad (...) y apoyamos su titánica lucha contra todas las tempestades (...) para que este jirón del Continente marche al nivel de las naciones civilizadas del mundo".

La supresión de las elecciones. "El pueblo de Piraera (Lempira) considera de conveniencia nacional, suprimir el sistema de elección popular y directa, para conjurar (..) la anarquía que sobrevendría con nuevas elecciones".

Por su parte, el ciudadano Daniel Hernández, de La Esperanza, Intibucá, publicó un folleto poco conocido, intitulado "La justificación histórica de la actual prolongación en el pode", cuyo pensamiento se resume así: "La alternabilidad en el ejercicio del poder público en Honduras es sinónimo de revuelta intestina". Después de una exitosa campaña se convocó a una Asamblea Constituyente que promulgó la undécima Constitución en 1936. Lo inédito e insólito es un artículo donde se lee que "la Presidencia y Vicepresidencia (ejercidas respectivamente, por Tiburcio Carias y Abraham Williams) terminarán el 1 de Enero 1943" y quedaron en suspenso los artículos que prohibían la reelección.

Falta verificar si lo anterior es un aporte único en la historia del derecho constitucional de América Latina.

La Segunda Guerra Mundial estalló en 1939 y los vientos soplaban a favor del continuismo. El presidente Roosevelt de los Estados Unidos fue reelegido una vez más, en tanto que el nazi fascismo se consolidaba en Europa. "¡También Dios es continuista!", argumentó un ideólogo del régimen, y el Congreso Nacional haciéndose eco "del clamor popular" emitió un Decreto (diciembre 18, 1939) que reformó, una vez más, la Constitución permitiendo el continuismo del general Carías hasta 1949.

¿Que hizo la oposición para evitarlo? Muy poco. Porque simplemente había sido aplastada. Muchos fueron obligados a marchar al exilio y otros permanecieron encarcelados. Fueron tiempos tristes, fueron años de plomo, de encierro, entierro y destierro.

LA NO REELECCIÓN EN LA CONSTITUCIÓN DE 1957

Recientemente, un grupo de diputados del Partido Nacional presentaron ante la Corte Suprema de Justicia un recurso de inconstitucionalidad, que pide la derogatoria parcial de los Artículos 42 y 232 de la Constitución de la República. Para entender el significado y alcance del mencionado recurso, es necesario referirse a sus orígenes y al contexto histórico-político de las dos constituciones anteriores (1957 y 1965). En esta ocasión, nos referiremos a la de 1957.

Clases de reelección. Para evitar dudas y confusiones es preciso decir que existen dos tipos de reelección: La continua o "continuismo" y la alterna. La primera es entendida como la continuidad indefinida de una persona en el ejercicio de la presidencia de la República. La reelección alterna, en cambio, significa que el titular del Poder Ejecutivo no puede ser candidato, y por consiguiente no ser electo, para el siguiente periodo de gobierno. En nuestro país, la Constitución prohíbe de manera absoluta cualquier tipo de reelección, y esta prohibición forma parte de los artículos irreformables o pétreos.

Dictadura y Guerra Fría. En los años 50 del siglo pasado y durante la Guerra Fría, los padres fundadores del constitucionalismo social en Honduras (Ramón Villeda Morales, Modesto Rodas Alvarado, Óscar A. Flores, entre otros) concibieron la reelección o continuismo como una enfermedad mortal para la democracia. El programa del Partido Liberal de 1953 "repudia toda dictadura (...) y rechaza el continuismo y la reelección". En realidad, el país estaba cansado de la larga dictadura de Tiburcio Carías Andino (1933-1949) y era palpable la urgencia de cambios sociales.

La Constitución de 1957. El referido discurso anti reeleccionista quedó plasmado en la Constitución de 1957 y que perdura hasta el presente.

El Estado y su forma de gobierno. Artículo 4: "La alternabilidad en el ejercicio de la Presidencia de la República es obligatoria. La violación de esta norma da derecho a la insurrección popular".

De los ciudadanos. Artículo 38: "La calidad de ciudadano se suspende, se pierde y se restablece de acuerdo a las siguientes prescripciones: Se pierde por incitar, promover o apoyar el continuismo o la reelección del Presidente de la República".

Poder Ejecutivo. Artículo 196: "El ciudadano que haya desempeñado a cualquier titulo la Presidencia de la República, no podrá ser Presidente o Designado en el periodo presidencial siguiente". Artículo 197: "El funcionario que viole el Artículo anterior o que proponga reformarlo, y a los que lo apoyen directa o indirectamente, cesarán de inmediato en el desempeño de sus respectivos cargos y quedarán inhabilitados para el ejercicio de toda función pública".

De la reforma. Artículo 339: "La reforma de esta Constitución podrá decretarse parcialmente por el Congreso Nacional en sesiones ordinarias, con dos tercios de los votos de la totalidad de sus miembros. El decreto señalará al efecto el articulo o los artículos que hayan de reformarse, debiendo ratificarse por la siguiente legislatura ordinaria, por igual número de votos para que entre en vigencia. En ningún caso la reforma de los Artículos 4, 195, 196 y 199, podrá realizarse por el procedimiento anterior".

Se puede afirmar de manera inequívoca, que el marco constitucional para la reelección en la Constitución de 1957 es claro y sin fisuras. Como sabemos, "la primavera democrática" llegó a su fin con el golpe de Estado de 1963 y la Constitución de 1957 pasó a mejor vida. Dos años después, el gobierno militar convocó a elecciones para elegir una Asamblea Nacional Constituyente que ganó el Partido Nacional de manera fraudulenta, y que fueron calificadas como "elecciones estilo Honduras". La Asamblea Nacional Constituyente promulgó una nueva Constitución, y reeligió para el periodo 1965-1971 al líder militar que encabezó el golpe de Estado.

LA NO REELECCIÓN EN LA CONSTITUCIÓN DE 1965

En el artículo anterior nos referimos a la Constitución de 1957 y en esta ocasión nos ocuparemos de la decimotercera, de 1965. Esta Constitución la originó un golpe de Estado y la destruyó otro golpe de Estado. Es una obra maestra de ambigüedad, ambivalencia y cálculo político. Fue redactada en cinco semanas, tuvo siete años de vigencia y las actas de la Asamblea Nacional Constituyente (ANC) que contienen sus debates nunca fueron publicadas. ¿Qué cambios fueron introducidos en la Constitución de 1965 que difieren de la anterior?

En primer lugar, suprimió el Artículo 4 referente al Estado y su forma de gobierno. Borraron dos principios fundamentales de nuestra tradición constitucional: la alternabilidad en el ejercicio de la presidencia de la República y el derecho a la insurrección popular.

En segundo lugar, suprimió el Artículo 38 literal 6 que establece la pérdida de la ciudadanía "por incitar, promover o apoyar el continuismo o la reelección del Presidente de la República" y que fue restaurada en 1982. ¡Irónicamente, 49 años después, el Partido Nacional vuelve a la carga y ha pedido a la Corte Suprema de Justicia que declare su inconstitucionalidad!

En tercer lugar, enredaron el tema que debatimos e introdujeron normas ambiguas y oscuras que favorecían al continuismo. Veamos. El Artículo 193 establece que "el ciudadano que haya desempeñado a cualquier título la Presidencia de la República por un periodo constitucional o por más de la mitad del mismo, no podrá ser nuevamente Presidente de la República ni desempeñar dicho cargo bajo ningún título".

De esta manera, se estableció la norma irreformable o pétrea de la no reelección de manera absoluta.

Los artículos 194 y 196 reproducen los mismos conceptos de la Constitución de 1957. Se aplican a "los funcionarios que violen el artículo anterior o que propongan reformarlo, y los que apoyen directamente, cesarán en el desempeño de sus respectivos cargos y quedarán inhabilitados para el ejercicio de toda función pública por el término de diez años".

Estas sanciones son aplicables únicamente a una categoría específica de ciudadanos: a los funcionarios y empleados públicos. A nadie más. En la versión oficial, esta disposición fue aplicada al expresidente Manuel Zelaya Rosales para expulsarlo del poder en el 2009 y que generó la crisis que todavía padecemos.

La reelección alterna ha sido una constante histórica. Queremos recalcar que desde la Constitución de 1894 todas las posteriores han prohibido la reelección para el periodo inmediato siguiente, excepto las de 1965 y 1982. Sobre este punto, el constitucionalista Efraín Moncada Silva (1933-2013) escribió —en la página 491 de sus "Temas Constitucionales"— que "se desconocen las razones que tuvo la ANC de 1965 para variar la constante histórica de prohibir la reelección alterna". Esta disposición anuló la posibilidad a los expresidentes Tiburcio Carías Andino, Juan Manuel Gálvez y Ramón Villeda Morales de volver a ser candidatos a la presidencia de la República.

La obra maestra del cálculo político. Las disposiciones transitorias son ejemplo de la mentalidad autoritaria y de la malicia ladina. "Para el periodo 1965-1971, serán Presidente de la República y Designados a la Presidencia, los ciudadanos elegidos por esta Asamblea Nacional Constituyente", se lee en el Artículo 344, y esgrimiendo el argumento que "la Constituyente todo lo puede", la ANC se convirtió en Congreso Nacional Ordinario (Artículo 346). Sin ningún género de duda, la Constitución de 1965 fue confeccionada *sur mesure* —a la medida— para perpetuar en el poder al líder militar que encabezó el golpe de Estado de 1963.

Para la tarde del 23 de marzo de 1965 todo estaba consumado. En los bajos del Congreso Nacional y en un ambiente festivo, los corifeos del continuismo gritaban "que lo bueno siga", "a llorar a La Dalia", "así se pegan botones" y los mariachis no pararon de cantar alegres corridos alusivos al acto. Pero la guerra Honduras-El Salvador de 1969 estalló, echando por tierra los planes continuistas.

UNA NUEVA CONSTITUCIÓN... ¿SIN CONSTITUYENTE?

(Escrito en febrero de 2016)

En medio de la última elección de la Corte Suprema de Justicia, que los políticos convirtieron en un "Festival de las Debilidades Humanas e Institucionales", el señor Presidente de la República ordenó quema de pólvora y fuegos de artificio para anunciar una propuesta orientada a "revisar la Constitución pero sin Constituyente".

Revisar la Constitución al margen de una Asamblea Constituyente son palabras mayores y, desde luego, produce temblores y escalofríos entre la clase política que no termina de reponerse de los traumas del año 2009. De manera que en primer lugar, hay que definir qué se piensa revisar o reformar y qué procedimiento se pretende utilizar. No olvidemos que la Carta Magna establece dos tipos de normas: las reformables y las irreformables o pétreas. Para las primeras, el procedimiento es sencillo y simple y se encuentra establecido en el Artículo 373.

Y para los irreformables o pétreos el procedimiento es más difícil y complejo; en este caso debe observarse lo estipulado en el Artículo 5 y lo prescrito en la Ley de Mecanismos de Participación Ciudadana. No existe otro camino, constitucionalmente hablando.

Infelizmente, el tema de la reforma constitucional no ha sido tratado con seriedad ni responsabilidad por nuestros legisladores. Estos no conocen el sentido de lo durable y sus decisiones, en muchos casos, llevan la impronta de lo provisorio. Ello explica por qué nuestra Carta Magna ha sido reformada no menos de 52 veces en 34 años de vigencia. Precisamente, la crónica inestabilidad política se refleja en las numerosas Constituciones que hemos tenido: 13 para ser exactos y 3 federales. En nuestros países, "los avances chocan con los retrocesos".

En los Estados Unidos, en cambio, la Constitución tiene 7 artículos y 27 enmiendas en más de 200 años.

La propuesta de JOH (Juan Orlando Hernández) es, a primera vista, ambigua y genera desconfianza. Podría ser "un regalo autoritario con envoltorio democrático".

Por ello, conviene reflexionar sobre el concepto de Poder Constituyente. "Una Constitución —estableció Emmanuel-Joseph Sieyés— supone ante todo un Poder Constituyente". Este concepto está unido al de Constitución "como el creador a la criatura". El Poder Constituyente es el origen de todo derecho y en la medida que expresa la voluntad de la nación, es autónomo y carece de límites. El Poder Constituyente reside en el pueblo; el ejercicio práctico de este Poder se traduce en la Constitución; la Constitución está por encima de los poderes constituidos, vale decir, del Legislativo, Ejecutivo y Judicial. En una república demo- crática, nada hay por encima del Poder Constituyente.

La Constitución no es obra del poder constituido, sino del Poder Constituyente. Hoy en día, solo se considera legítimo el poder que descansa en la soberanía popular. Lo antes dicho, está en consonancia con lo establecido en nuestra Constitución: "La soberanía corresponde al pueblo del cual emanan todos los poderes del Estado. La suplantación de la soberanía popular y la usurpación de los poderes constituidos se tipifican como delitos de traición a la Patria".

Insistimos: sin consentimiento expreso de los ciudadanos no hay Constitución. Sin Poder Constituyente no hay Constitución y sin soberanía nacional no hay Poder Constituyente. La decisión popular es condición necesaria del proceso constituyente. Durante la vigencia del constitucionalismo monárquico, es decir, antes de 1821, el Poder Constituyente fue reabsorbido por los poderes constituidos. Cuando se hacía uso de la expresión "Poder Constituyente" en este periodo no era para referirse al Poder Constituyente stricto sensu, sino únicamente al Poder Constituyente derivado, vale decir, al poder que tiene el Congreso Nacional de reformar la Constitución.

Pues bien, el peor de los escenarios sería intentar repetir una locura como la de 1985, que provocó una crisis político-institucional, misma que se resolvió con la aplicación de la "Opción B". En esa ocasión, se alegó que "el Congreso Nacional es uno de los poderes constituidos y que en el momento de la revisión de la Constitución el Congreso Nacional se transforma en Asamblea Nacional Constituyente".

Lo anterior se llama, lisa y llanamente, suplantación de la soberanía popular y es constitutiva de delito. En esa misma oportunidad, también se pretendió "dejar en suspenso los artículos 373, 374 y 375 de la Constitución". En la resolución de la crisis intervino de manera oportuna el instituto armado. Conclusión: no puede haber nueva Constitución sin Constituyente. No nos equivoquemos una vez más, construyamos sobre la roca y no sobre la arena.

Ante la resistencia irracional a los cambios de unos y las ambiciones desenfrenadas de otros, hay dos alternativas: (1) Ir a un referéndum para aprobar la reelección por una sola vez, suprimir el principio de alternabilidad en el ejercicio de la presidencia de la República y establecer la Segunda Vuelta, o; (2) Convocar a una Asamblea Nacional Constituyente originaria, incluyente y democrática, que elabore una nueva Constitución y que sea ratificada por el pueblo vía referéndum.

Por último, seamos objetivos y recordemos que “no son las leyes las que transforman la realidad, es la realidad la que transforma las leyes”.

CONTRA EL CONTINUISMO (I)

(Escrito en marzo de 2016)

Estamos en contra del continuismo porque es el origen de muchos males que nos han mantenido sumidos en el atraso y la dependencia. El continuismo no contribuye al desarrollo democrático de una nación y más bien favorece la corrupción y la impunidad. Produce además, división y discordia en el seno del pueblo. En nuestro país, pocos gobernantes han vencido la tentación de perpetuarse en el poder y la mayoría han fracasado en el intento.

En el siglo XX, únicamente Tiburcio Carías Andino (1876-1969) y Oswaldo López Arellano (1921-2010) lo lograron. No obstante, en el siglo XXI, la peste del continuismo vuelve a azotar cruelmente a muchos países de América Latina, incluido el nuestro: Juan Orlando Hernández Alvarado se suma a ese grupo poco apreciado por la historia y por el pueblo menos aún.

El derecho constitucional distingue dos tipos de reelección: la alterna y la continua. La primera es común en los países democráticos consolidados donde respetan la Ley fundamental. La segunda es frecuente en los regímenes que concentran el poder político en el caudillo que ejerce el Poder Ejecutivo.

El término continuismo se emplea para señalar una patología política contraria al sistema democrático, porque evita el desarrollo de una de las virtudes republicanas como es la alternabilidad en el poder. También ha sido utilizado por los gobiernos autocráticos, para perpetuarse en el poder, a través de farsas electorales que han sido tapaderas de fraudes, arbitrariedades y de acciones represivas a que recurren para lograr sus propósitos.

En los Estados Unidos se permite la reelección por una sola y única vez, para el periodo inmediato o para cualquier otro periodo. Antes de la vigencia de la Enmienda 22. el Presidente de la Unión podía reelegirse sin límites. Por ello, Franklin Delano Roosevelt pudo ser electo una vez y reelecto tres veces. Pero conviene advertir y precisar que en ese país el presidente no utiliza las instituciones y los recursos públicos para hacer propaganda política sectaria, como lamentablemente es la regla en los países del trópico, como Honduras.

Hay que reconocer que la reelección alterna es la menos dañina y es una tendencia predominante en el continente. México, Guatemala y Paraguay son los países que aún mantienen una prohibición absoluta a todo tipo de reelección. En Honduras, la Sala de lo Constitucional de la Corte Suprema de Justicia rompió el saco de las ambiciones y por culpa de ellos estamos en un callejón sin salida.

En efecto, quienes dirigen el partido de gobierno tomaron un camino ilegal e inconstitucional. Siguieron una ruta corta pero equivocada y han fracasado porque "buscan al ahogado río arriba". El país está pagando caro los desaciertos de quienes nos gobiernan y su irresponsabilidad nos puede conducir a una crisis de consecuencias impredecibles. Lo único que está claro en la sentencia de la CSJ de abril 22 de 2015 son dos cosas: (1) Que los magistrados de la Sala de lo Constitucional violentaron el Articulo 321 que prescribe que "los servidores públicos no tienen más atribuciones que las que expresamente les confiere la ley y que todo acto que ejecuten fuera de la ley es nulo e implica responsabilidad" y; (2) La despenalización por hacer propaganda a favor del continuismo para los empleados y funcionarios públicos. Eso es todo.

De manera que, el proyecto continuista de JOH se enfrenta a obstáculos difíciles pero no imposibles de superar. En primer lugar, la CSJ no puede declarar inconstitucional la Constitución, porque es una facultad exclusiva del soberano, es decir el pueblo, que debe expresarse libremente en una asamblea constituyente o mediante la celebración de un plebiscito o referéndum.

En segundo lugar, la CSJ no tiene facultades para reformar los artículos irreformables o pétreos de la Constitución y, finalmente, el principio de alternabilidad en el ejercicio de la presidencia de la República (párrafo segundo del Artículo 4) quedó intacto y, en consecuencia, debe respetarse.

En su desesperación, más de alguna persona ha propuesto, sin ningún fundamento científico-jurídico, "reglamentar la reelección porque la sentencia la dejó abierta", es decir, que no aclara si la reelección es alterna o continua. Por todo lo dicho, en Honduras, la conjugación del verbo reelección (alterna o continua) está mal vista y se encuentra absolutamente prohibida y castigada.

El único procedimiento para reformar los artículos irreformables o pétreos de la Constitución es siguiendo el procedimiento establecido en el Artículo 5 Constitucional, que incorporó los mecanismos de democracia directa, vale decir, el plebiscito y el referéndum. Otro podría ser la convocatoria a una Asamblea Nacional Constituyente originaria e incluyente. Diferentes procedimientos al margen de la ley fundamental implicarían una ruptura automática del orden constitucional.

CONTRA EL CONTINUISMO (II)

(Escrito en marzo de 2016)

La lucha contra el continuismo fue una consigna revolucionaria vinculada al combate contra las dictaduras. En nuestro país, desde finales del siglo XIX, los constructores del sistema constitucional ensamblaron pacientemente un conjunto de principios para fortalecer el régimen democrático. La no reelección, la alternabilidad en el ejercicio del poder, el derecho a la insurrección, el papel de las Fuerzas Armadas y un sistema de sanciones para los que atenten contra la Constitución son los principios fundamentales.

Resulta interesante constatar que muchos de estos principios forman parte de los artículos irreformables (pétreos) e ininterpretables de la Constitución.

Policarpo Bonilla Vásquez, organizador del Partido Liberal (PL) y expresidente de la República (1894-1898) escribió que "solo la alternabilidad en el poder puede salvar a los países latinoamericanos del despotismo y de las constantes revueltas".

Hagamos propicia la oportunidad, para hacer mención del aporte del Partido Liberal en la construcción del Estado democrático de derecho. Los principios citados primero formaron parte de sus documentos fundacionales y luego al alcanzar el poder público fueron plasmados en las diferentes constituciones.

Por ejemplo, en la campaña electoral de 1953, el Partido Liberal estableció que "el Partido repudia toda dictadura de individuos o de grupos y rechaza el continuismo y la reelección".

Posteriormente fue reafirmado en la Declaración de Principios de 1988. Queda claro, entonces, que este centenario instituto político jamás podría prestarse a una movida continuista sin traicionar su esencia y razón de ser.

Hoy abordaremos los fundamentos doctrinarios de la alternabilidad en el poder y su conexión con la no reelección. La idea es demostrar que este conjunto es un todo único e indivisible de una lógica en clave republicana.

En la doctrina, la alternabilidad en el ejercicio del poder se conoce bajo el nombre de alternancia en el Gobierno. Para Héctor Gros Espiell, expresidente de la Corte Interamericana de Derechos Humanos, "la alternancia en el mando es el desempeño sucesivo del Gobierno por personas distintas". La palabra autorizada del autor aclara, de una vez por todas, las dudas difundidas por personas interesadas en crear confusión. La continuidad indefinida en el cargo del mismo titular del Ejecutivo, aun en el hipotético caso de que ello sea el resultado de un pronunciamiento electoral libre del pueblo, es un factor negativo y distorsionante para la democracia.

"El continuismo va en contra de los principios de igualdad, equidad e integridad en la contienda electoral al dar lugar a un ventajismo indebido a favor del presidente en funciones en desmedro de los demás candidatos". En muchos de nuestros países, es una certeza inoxidable afirmar que "los presidentes que se suceden a sí mismos terminan su periodo haciendo campaña para su reelección".

La sólida tradición anti reeleccionista establecida desde 1894 no evitó la dictadura de Tiburcio Carías Andino (1933-1949), pero los defensores de la democracia constitucional jamás arriaron las banderas. En efecto, en la Constitución de 1957 reforzaron el principio de la no reelección y la alternabilidad en el poder, crearon el delito de traición a la Patria y reconocieron el derecho a la insurrección en defensa del orden constitucional.

Como sabemos, "la primavera democrática" iniciada durante el gobierno de Villeda Morales fue brutalmente interrumpida por el sangriento golpe de Estado de 1963. En 1965, el jefe que dirigió el "putch" militar convocó a una Asamblea Nacional Constituyente y fue elegido como presidente de la República en unas elecciones calificadas fraudulentas y que la prensa internacional denominó "elecciones estilo Honduras".

Es importante subrayar que el derecho a la insurrección se encuentra enunciado en la Declaración de Independencia de los Estados Unidos de 1776: "Es un derecho del pueblo alterar o abolir cualquier forma de gobierno que contradiga los derechos que al hombre ha otorgado el Creador".

Por su parte, el Artículo 2 de la Declaración de los Derechos del Hombre y del Ciudadano de la Revolución Francesa dice: "El fin de toda asociación política es la conservación de los derechos naturales e imprescriptibles del hombre. Esos derechos son la libertad, la propiedad, la seguridad y la resistencia a la opresión".

Para terminar, estamos de acuerdo con lo escrito por Daniel Zovatto en que "el fortalecimiento y consolidación de nuestras democracias no pasa por la presencia de líderes carismáticos o providenciales. El camino a seguir es la participación madura y activa de los ciudadanos, con instituciones legítimas, transparentes y eficaces, con la existencia de un sistema de frenos y de contra pesos entre poderes, con liderazgos democráticos y una sólida cultura cívica".

En resumen, las Fuerzas Armadas son las garantes del imperio de la Constitución. En ese sentido, el Artículo 272 de la Carta Magna pone de relieve la debilidad de las instituciones civiles y la evidente falta de madurez de las elites políticas. Por ello, las Fuerzas Armadas ejercen una función de tutela sobre las instituciones y mientras no exista un Tribunal Constitucional, como en otros países más avanzados, continuarán siendo el árbitro de los conflictos políticos.

CONTRA EL CONTINUISMO (3)

(Escrito en marzo de 2016)

En Honduras se libra una lucha sin cuartel entre los partidarios del continuismo y los que se oponen al mismo. Los nublados del día se despejarán en los próximos meses, cuando la Corte Suprema de Justicia decida los recursos de nulidad interpuestos contra la sentencia que (en abril 22, 2015) abrió el camino a la reelección.

En esta oportunidad, nos referiremos al fenómeno del "hiperpresidencialismo", considerado "la principal perversión del Estado de derecho en América Latina" e intentaremos explicar cómo está conectado con el continuismo y la dictadura.

Pues bien, para comprender el fenómeno mencionado, es necesario referirse al régimen presidencial y al presidencialismo, y acotar algunos hechos que nos muestran claramente la ruta trazada para instaurar una dictadura con ropajes democráticos.

El profesor Maurice Duverger define el régimen presidencial como aquel en donde el presidente es a la vez Jefe de Estado y Jefe de Gobierno. Los ministros no tienen autoridad política propia. El presidente es electo directamente por los ciudadanos mediante el sufragio universal y directo. Los poderes son rígidamente independientes por lo que el presidente no puede disolver al Congreso y éste no puede destituir al presidente. Estados Unidos es el ejemplo clásico del régimen presidencial.

El presidencialismo, continúa afirmando Duverger, constituye una deformación del régimen presidencial por el debilitamiento de los poderes del Congreso o hipertrofia de los poderes del Presidente. El presidencialismo se expandió, sobre todo, en los países latinoamericanos.

El hiperpresidencialismo es un presidencialismo distorsionado porque altera la forma republicana y democrática de gobierno al romper el principio de la división y equilibrio de poderes, establecido en el Artículo 4 de la Constitución. Se caracteriza por la concentración y preeminencia del Poder Ejecutivo.

En Honduras existe una fuerte tradición presidencialista muy ligada al caudillismo. Ello ha favorecido el montaje del entramado hiperpresidencialista. Todo comenzó el 12/12/12 —diciembre 12, 2012— con la destitución ilegal de los magistrados de la Sala de lo Constitucional de la Corte Suprema de Justicia por parte del Congreso Nacional. A partir de ese momento, el Poder Judicial perdió su independencia y quedó subyugado al Legislativo.

A mediados del 2013, el Legislativo también asumió el control de instituciones estratégicas del Ejecutivo, como la Secretaría de Finanzas y la ejecución del Presupuesto General de Ingresos y Egresos de la República. El plan incluyó la elección anticipada de las máximas autoridades del Ministerio Público y del Tribunal Supremo Electoral. La meta era ganar las elecciones generales de noviembre de 2013, mediante el control absoluto (como escribió Lord Acton, "el poder corrompe y el poder absoluto corrompe absolutamente") de todas las instituciones y garantizar el acceso ilimitado a los recursos del Estado.

De esta forma, Juan Orlando Hernández ganó la presidencia de la República con sólo el 36% de los sufragios y perdió el control del Legislativo. La entrada en escena de los nuevos partidos significó el fin del bipartidismo y sólo la reactivación de la tradicional alianza bipartidista (Nacional-Liberal) evitó la pérdida de ese poder del Estado.

El 27 de enero de 2014, Hernández asumió el Ejecutivo. Días antes se inició "la hemorragia legislativa", proceso que alude a la aprobación de manera precipitada e ilegal de más de un centenar de leyes para fortalecer la hegemonía del partido de gobierno. Mención especial merece una ley (Decreto 266-2013) que autoriza al Presidente de la República a "crear, modificar o suprimir a órganos de la Administración Pública, instituciones descentralizadas y desconcentradas". Además, se fortaleció un "megapoder": el Consejo Nacional de Defensa y Seguridad. De esta manera y de un sólo golpe, el poder de la nación se concentró en las manos del señor Presidente de la República.

En síntesis, Honduras es una "democracia subyugada" —según Michael Penfold— por los poderes presidenciales, donde "el progresivo debilitamiento de la división de poderes es, sin duda, su mayor debilidad y la causa de la erosión de las bases institucionales del sistema político". El Poder Ejecutivo tiene un claro dominio sobre los poderes Legislativo y Judicial. Este dominio se extiende sobre otras instituciones claves como el Tribunal Supremo Electoral, la Procuraduría General de la República y el Ministerio Público.

El gobierno de Juan Orlando Hernández es un buen ejemplo para comprender cómo una minoría puede controlar y manipular a la mayoría, quebrantando un principio fundamental de la democracia, ante la mirada atónita de la comunidad internacional.

Aunque los corifeos del continuismo lo callen, el descontento popular se cocina a fuego lento y la mayoría cree que el país perdió el rumbo.

LA ALTERNABILIDAD EN EL EJERCICIO DE LA PRESIDENCIA DE LA REPÚBLICA

(Escrito en 2015)

El principio de la no reelección fue establecido en la Constitución de 1894 y es un símbolo del constitucionalismo democrático. Existe una estrecha relación entre alternabilidad y no reelección; estos principios son los instrumentos necesarios y adecuados para impedir el continuismo.

Los diputados del Partido Nacional que han solicitado a la Corte Suprema de Justicia el desmontaje gradual del corazón de la Constitución, vale decir, la forma de gobierno, están en una situación precaria porque su accionar es constitutivo de delito y han colocado a las Fuerzas Armadas en una situación parecida a la del 2009.

El origen de este principio se encuentra en los albores de nuestra historia republicana. Desde la independencia, se ha sostenido que "la reelección o continuismo es el origen de todos nuestros males y desgracias", según Arturo Morales Funes. Para mayor claridad enfaticemos en las palabras de Policarpo Bonilla Vázquez, organizador del Partido Liberal, al expresar que "solo la alternabilidad puede salvar a los países latinoamericanos del despotismo y de las constantes revueltas".

El Artículo 4 Constitucional establece que "la forma de gobierno es republicana, democrática y representativa... La alternabilidad en el ejercicio de la presidencia de la República es obligatoria. La infracción de esta norma constituye delito de traición a la Patria". Para rematar, el artículo citado forma parte de las normas irreformables o pétreas, enumeradas en el 374 Constitucional que señala que no podrán reformarse en "ningún caso" los artículos que se refieren a la forma de gobierno, entre otros.

¿En qué consiste la obligación de las Fuerzas Armadas en relación al principio de la alternabilidad en la Presidencia de la República? Veamos. El Artículo 272 Constitucional establece que "las Fuerzas Armadas de Honduras, son una institución nacional de carácter permanente, esencialmente profesional, apolítica, obediente y no deliberante. Se instituyen para defender la integridad territorial y la soberanía de la República, mantener la paz, el imperio de la Constitución, los principios del libre sufragio y la alternabilidad en el ejercicio de la presidencia de la República".

Como se evidencia, las Fuerzas Armadas tienen el mandato de garantizar principios de naturaleza esencialmente políticos y de acuerdo con el 285 Constitucional y el 61 de la Ley Constitutiva de las Fuerzas Armadas, su Tribunal Superior está obligado a conocer del tema que nos ocupa y no puede excusarse desconocer, so pena de violentar la Carta Magna.

En el sistema político hondureño, al igual que en los Países del Triángulo Norte, de hecho o de derecho, las Fuerzas Armadas ejercen una suerte de poder tutelar sobre las instituciones, actúan como árbitros y, además, son los guardianes de la Constitución. En general, el origen de esta situación se encuentra en el tipo de transición a la democracia que se construyó cuando los militares entregaron formalmente el poder a los civiles.

Esta paradójica realidad es objeto de debate desde la publicación del Informe "Para que los Hechos no se Repitan" de la Comisión de la Verdad y la Reconciliación que planteó "revisar la función de las Fuerzas Armadas incluyendo la supresión de cualquier misión de carácter político para las mismas" y para superar el desafío propuso "la creación de un Tribunal de Justicia Constitucional".

En resumen, el intento de despenalizar primero y legalizar después la reelección o continuismo, vía Corte Suprema de Justicia, constituye una amenaza grave contra la democracia, porque puede entenderse como una maniobra del presidente de la República para perpetuarse en poder, violentando el derecho exclusivo del Soberano a decidir, a través de una consulta popular o asamblea constituyente.

LA IMPOSTERGABLE CREACIÓN DEL TRIBUNAL DE JUSTICIA CONSTITUCIONAL

¿Más burocracia? No gracias, dirán los escépticos. Sin embargo, hay que recordar que lo barato sale caro. En efecto, una de las personas que elaboraron el proyecto de reforma al Poder Judicial de

2002, me relató hace algunos años, que ellos no incluyeron el Tribunal de Justicia Constitucional para no aumentar burocracia.

Sin embargo, la idea no es nueva. Una propuesta de creación del Tribunal de Justicia Constitucional fue presentada por el Colegio de Abogados de Honduras en los primeros años de los 80, cuando este era dirigido por juristas reconocidos como Guillermo López Rodezno y Ramón Ernesto Cruz, expresidente de la República (1971-1972).

Pues bien, yo creo que si hubiese existido un Tribunal de Justicia Constitucional en el año 2009 probablemente no se hubiera producido el golpe de Estado. Veamos por qué. Dichos tribunales sirven para defender la Constitución contra el abuso de la ley, dirimen la competencia y los conflictos entre los Poderes del Estado y velan por la protección de los derechos humanos.

El argumento de mayor peso para crear el mencionado tribunal es que la Corte Suprema de Justicia no puede seguir siendo juez y parte en el asunto; y es que según la Constitución (Art. 316 numeral 2) le otorga la atribución de "dirimir los conflictos entre los Poderes del Estado, incluido el Tribunal Supremo Electoral, así como, entre las demás entidades u órganos que indique la ley".

En esa línea de argumentación, el Informe de la Comisión de la Verdad y la Reconciliación presentó 84 recomendaciones que deben implementar las instituciones hondureñas "para que los hechos no se repitan" y entre ellas está la creación de un Tribunal de Justicia Constitucional.

El argumento central de la Comisión de la Verdad y la Reconciliación es el mismo: la Corte Suprema de Justicia es juez y parte en el asunto. Más adelante el Informe dice que "al realizar un análisis del papel desempeñado por la Corte Suprema de Justicia en los hechos previos, durante y posteriores al golpe de Estado de junio de 2009, no pudo trascender a la crisis, abandonó su papel de árbitro y se convirtió en un actor protagónico en el proceso de separación de José Manuel Zelaya como Presidente Constitucional de la República".

Todo viene al caso, porque la Unidad de Seguimiento de la Comisión de la Verdad y la Reconciliación (USI-CVR), adscrita a la Secretaría de Justicia y Derechos Humanos, organizó, en días pasados, el foro denominado "Experiencias latinoamericanas sobre el funcionamiento de los tribunales constitucionales y su aporte al Estado de Derecho y a la institucionalidad democrática".

Las conferencias magistrales fueron dictadas por dos reconocidos constitucionalistas latinoamericanos, como el doctor Rodolfo Rohrmoser (ex magistrado del Tribunal Constitucional de Guatemala) y el doctor Gerardo Eto Cruz, magistrado y director del Centro de Estudios del Tribunal Constitucional de Perú.

La conferencia del profesor Rohrmoser nos sirvió para fortalecer nuestra convicción en la necesidad de los tribunales constitucionales en las democracias modernas y puso tres ejemplos. Primero, el Tribunal evitó un golpe de Estado y la subsecuente ruptura del orden constitucional en 1991, cuando emitió un fallo contra el expresidente Serrano Elías. En segundo lugar, denegó la solicitud de la Audiencia Nacional de España en la persecución por delitos de genocidio y de lesa humanidad en contra del general Efraín Ríos Montt y en este momento es la justicia guatemalteca quien conoce de los juicios.

Y finalmente, el publicitado fallo que impidió a la ex primera dama de Guatemala, Sandra Torres Casanova de Colom, presentar su candidatura a la presidencia por ser en aquel entonces la esposa del ahora expresidente Álvaro Colom.

Por su parte, el magistrado Eto Cruz profundizó en la parte teórica sobre las experiencias latinoamericanas de tribunales constitucionales, y cómo estos fortalecen el Estado de derecho y las instituciones democráticas. En donde existen tribunales constitucionales —según Eto Cruz— "hay gobernabilidad, predictibilidad del sistema judicial, transparencia y una gestión más especializada del Derecho Procesal Constitucional".

Concluyó el Dr. Eto Cruz diciendo que algunas personas de la clase política hondureña andan despistadas porque "creen que un Tribunal Constitucional le resta competencias al Poder Judicial de un Estado, sino que antes bien, fortalece la gestión de justicia, en tanto que la Suprema seguiría conociendo en primera instancia de los recursos de habeas corpus, habeas data y el recurso de amparo. El Tribunal Constitucional solo conocería en segunda instancia los recursos relacionados con las garantías individuales y en única y última instancia el recurso de institucionalidad y los conflictos orgánicos de competencias entre los poderes del Estado".

LA RAZÓN DE SER DEL TRIBUNAL DE JUSTICIA CONSTITUCIONAL

En nuestro país, el constitucionalismo clásico o liberal, encarnado en la Carta Magna de 1982, ha perdido terreno desde el 2009 y, especialmente, después de la incorporación del plebiscito y el referéndum en dicho texto constitucional.

También es perceptible una nueva dinámica y la tendencia apunta hacia una creciente tensión entre el constitucionalismo moderno o social —resumido en las 84 recomendaciones del Informe de la CVR— y el constitucionalismo transformador, planteado en la "necesidad histórica" de convocar a una Asamblea Nacional Constituyente.

Quienes adversan a un Tribunal Constitucional (TC) separado del Poder Judicial sostienen que su creación alteraría la forma de gobierno establecida en el Artículo 4 de la Constitución. En realidad, no es así. En todos los países de América Latina se ha establecido el control de la constitucionalidad básicamente mediante dos modelos: 1) El americano, donde dicha función es atribuida al Poder Judicial, y; 2) El europeo o concentrado, ejercido por un TC separado del Poder Judicial.

Las reformas del 2002, ubicaron a Honduras en el modelo americano con la creación de la Sala de lo Constitucional al interior de la CSJ y perfeccionado en la Ley de Justicia Constitucional de 2005.

No podemos pasar por alto la destitución intempestiva de cuatro magistrados de la Sala de lo Constitucional de la CSJ por decisión del Congreso Nacional, el pasado 12/12/12: es el hecho desencadenante que ha provocado una crisis político-institucional de impredecibles consecuencias. Todo ello podría acelerar la creación de un Tribunal Constitucional separado del Poder Judicial y de otras reformas, como el juicio político.

La razón de ser. El Tribunal Constitucional fue concebido por el constituyente democrático del siglo XX en Euro- pa, para completar la división tripartita clásica de poderes ante la insuficiencia de esta última para controlar el ejercicio del poder del Estado y evitar su desnaturalización autoritaria.

"El TC es un órgano artificial, es decir, no exigido por la propia naturaleza del Estado en cuanto a forma política". Se trata pues, de un ente cuyo origen se encuentra en la falta de respeto a la Constitución por los poderes clásicos del Estado. En resumen, en los países donde la Constitución se ha respetado, no ha hecho falta. Donde no se ha respetado, fue necesario crearlo.

La diferencia fundamental entre los poderes clásicos del Estado y el TC es que los primeros existen "para hacer algo, para actuar, para dar respuesta de manera positiva a las demandas que surgen de la sociedad". En cambio, el TC "existe, no para hacer algo, sino para evitar que se haga lo que no se debe hacer". En ese sentido, la función del TC "no es hacer el bien sino evitar que se haga el mal, entendiendo por tal la actuación de los demás poderes del Estado al margen de lo previsto en la Constitución".

Su función está determinada, en consecuencia, por el carácter negativo de su experiencia histórica a la que debe su existencia. Por esta razón el TC "es un órgano negativo o, si se prefiere, defensivo, existe nada más para defender el Estado democrático frente a su posible desnaturalización". Esta es la esencia de la institución.

La Justicia Constitucional no es, en sus orígenes, síntoma de buena salud constitucional, sino de todo lo contrario. El jurista italiano Mauro Cappelletti nos recuerda que la justicia constitucional aparece como la mejor respuesta a la exigencia de reaccionar contra los demonios del pasado. Por ello, después de la caída del Muro de Berlín en 1989, la mayoría de los antiguos países socialistas de Europa Central y del Este crearon su Tribunal Constitucional. En Honduras, no es casual que el Informe de la CVR se llame "Para que los Hechos del 2009" no se repitan" y que la creación del TC sea una de sus recomendaciones principales.

Finalmente, las características comunes de los TC en los diferentes modelos son:

1) Es el intérprete último y definitivo de la Constitución cuya interpretación es vinculante;

2) Es un órgano jurisdiccional, que no se encuentra integrado al Poder Judicial;

3) Su composición tiende a reflejar el compromiso entre la mayoría y la minoría que precedió la aprobación de la Constitución;

4) Su competencia básica consiste en el control de la constitucionalidad de la ley y, por tanto, en imponer a la mayoría parlamentaria que la aprueba el respeto del pacto constituyente; y

5) Tienen competencias adicionales como:

5.1) La protección de los derechos fundamentales.

5.2) La protección de la distribución territorial del poder.

5.3) La protección de la división de poderes y, fundamentalmente;

5.4) La protección de la sociedad frente a la concentración indebida de poder en uno de los órganos del Estado.

REFLEXIONES ACERCA DE LA POLICÍA MILITAR DE ORDEN PÚBLICO

Se pueden hacer varias lecturas sobre lo ocurrido recientemente en el Congreso Nacional, cuando la oposición le ganó la partida a Juan Orlando Hernández y sus aliados. Fue un episodio de un proceso que sólo marca una tendencia: la unidad de las fuerzas opositoras de cara a la amenaza continuista.

Pues bien, hasta los años 90 la función policial estuvo a cargo de las FFAA. Los Acuerdos de Esquipulas II, la caída del muro de Berlín y el fin de la Guerra Fría son los factores externos que explican la construcción de un nuevo modelo de relaciones cívico-militares. La idea era redefinir los nuevos roles y misiones de las FFAA en una sociedad democrática.

Los gobiernos Reina Idiáquez y Flores Facussé llevaron a cabo la reforma del sector defensa y seguridad que significó, entre otras, la sustitución del servicio militar obligatorio por uno voluntario, la subordinación de las FFAA a las autoridades civiles y el traspaso de la policía a la esfera civil. La reforma en el subsector defensa, es decir, en las FFAA fue exitoso, pero no podemos decir lo mismo del subsector seguridad.

El traspaso de las instituciones policiales a la esfera civil, veinte años después, ha sido un proceso inconcluso, lleno de conflictos y contradicciones y, hasta cierto punto, fracasado. Revertirlo no será tarea fácil en un país como el nuestro, considerado un Estado degradado.

Es importante destacar, que desde 1995 hasta la fecha es observable una tendencia clara a involucrar a las FFAA en el mantenimiento del orden público interno. En 1999 se creó la Secretaría de Seguridad y se asignó a las FFAA otras tareas como ser el combate del terrorismo, tráfico de armas y el crimen organizado. El gobierno de Maduro Joest implementó una política de "mano dura" contra las maras que provocó una peligrosa convergencia entre los grupos criminales.

Las prótesis institucionales. Para la primera década del siglo XXI el Estado hondureño había sido rebasado por el narcotráfico, el crimen organizado y las maras o pandillas. En el 2011 se realizó una interpretación constitucional "en el sentido que las FFAA pueden realizar funciones específicas de la policía, cuando sea declarado un Estado de Emergencia por el Presidente de la República". Para ese entonces, se crearon varias instituciones que al poco tiempo se convirtieron en prótesis institucionales en el cuerpo del Estado.

De esta manera, se organizó la Dirección de Investigación y Evaluación de la Carrera Policial (DIECP); al año siguiente, con el apoyo de la comunidad internacional se creó la Comisión de Reforma de la Seguridad Pública, misma que fue sorpresivamente disuelta a finales del 2013.

Entra en escena la Policía Militar de Orden Público. Cuando Honduras era considerada como la nación más violento del mundo y en plena campaña electoral, el Congreso Nacional creó la Policía Militar de Orden Público (PMOP) para hacer frente al crimen organizado que "representaba una amenaza a la existencia del Estado y de la sociedad". En ese momento, su creación fue percibida por ciertos sectores como una paralela a la Policía Nacional. Transcurrido el proceso electoral, comenzó la transición al nuevo gobierno y durante la "hemorragia legislativa" se aprobó una reforma constitucional que sustraía a la PMOP del ámbito de las FFAA —que rompía la cadena de mando— y la colocaba bajo el mando directo del Presidente de la República.

Las conclusiones. 1) Es una victoria de los partidos de la oposición haber abortado la ratificación de una reforma constitucional que favorecía los planes continuistas de Juan Orlando Hernández. 2) El futuro de la Policía Nacional aparece como incierto, dado el estancamiento del proceso de depuración, entre otros. 3) Es un retroceso para los partidos que históricamente apostaron a una policía de naturaleza puramente civil, porque casi todos terminaron aceptando a la PMOP y es probable que esta se convierta en una nueva rama de las FFAA. 4) Se afianza la tendencia regional (de Colombia a México) de involucrar a las FFAA en tareas de mantenimiento del orden público y combate a las amenazas tradicionales y emergentes.

III. LAS REGLAS DEL JUEGO ELECTORAL: CAMBIOS E INERCIAS

INCONGRUENCIAS Y ANACRONISMOS DE NUESTRA DEMOCRACIA

(Escrito en 2001)

La democratización interna de los partidos políticos es parte del proceso de democratización del Estado y de la sociedad. Los reproches y lamentos derivados de la inscripción de las nóminas de candidatos a cargos de elección popular y de dirección de los referidos partidos, han puesto de relieve —una vez más— las incongruencias y los anacronismos de nuestra democracia y han revivido el viejo debate de las relaciones entre ética y política.

Resulta que muchos funcionarios gubernamentales (ministros, gerentes de instituciones autónomas, magistrados y jueces, entre otros), aspiran a cargos de elección popular, especialmente a diputaciones al Congreso Nacional y al Parlamento Centroamericano, pero la ley les prohíbe de manera taxativa participar en actividades políticas partidistas.

Según la letra de la ley, estos funcionarios "no podrán asistir a reuniones de carácter político electoral, durante los días y horas hábiles de trabajo, no podrán ser electos para ocupar cargos de Dirección en los organismos de los partidos, ni utilizar la autoridad, medios e influencias de sus cargos en organizaciones o hacer ostentación partidista de cualquier otro género".

Asimismo, "se prohíbe a los Jueces y Magistrados en funciones, participar en forma alguna en actividades políticas partidistas. Los infractores de las presentes disposiciones serán sancionados con la destitución de sus cargos".

Sin embargo, en muchos países como el nuestro, la ley es letra muerta, es puro papel mojado, o como ha dicho el escritor peruano y Premio Nobel de Literatura, Mario Vargas Llosa "la ley es una señora muy respetable pero poco respetada". Entonces, para burlar dichas prohibiciones algunos políticos genialmente han creado una figura bastante pintoresca denominada "cuidadores", "prestanombres" o "testaferros", pero que sería más apropiado llamarlos candidatos fantoches. Gramaticalmente, el fantoche es un títere que se maneja por medio de hilos. Así, el fantoche —que es inscrito como candidato— tiene como función primordial cuidarle el puesto a un funcionario gubernamental que desea disfrutar al máximo las prebendas burocráticas.

Es entendido, que el candidato fantoche antes de participar en las elecciones internas es obligado a firmar una carta de renuncia irrevocable dirigida al dueño del movimiento, corriente o tendencia interna del partido a que pertenezca. Estas prácticas poco democráticas y nada transparentes, tienen su asidero jurídico en algunas disposiciones ambiguas de la Ley Electoral y de las Organizaciones Políticas y en los reglamentos internos de los mismos partidos. Una de las incongruencias estriba en otorgarle un poder ilimitado e incontrolado a los dueños de las corrientes, mismas que no tienen existencia legal más allá de la celebración de las elecciones internas.

De esa suerte, "si renunciare o falleciere un candidato antes de practicarse la elección (interna o general), el movimiento, tendencia o corriente de que se trate, podrá inscribir un nuevo candidato hasta cuarenta y ocho horas antes del evento".

En este punto es donde se produce la ruptura y el desencuentro entre la ética y la política. Porque "quien hizo la ley hizo la trampa" y esta autoriza a los dueños de las corrientes a borrar o inscribir discrecionalmente a cualquiera de los candidatos según su propia conveniencia.

¿Es ético que el dueño de una corriente borre a un candidato e inscriba en su lugar a otra persona —hasta cuarenta y ocho horas antes de la elección interna— que no haya participado en la campaña electoral por estar expresamente inhabilitado para ello? ¿Es legal que los dueños de las corrientes sustituyan a los candidatos después de las elecciones generales por personas que no participaron en la misma? ¿Cometen el delito de suplantación de la soberanía popular?

Queda claro, entonces, que algunas cuestiones en política pueden ser legales, pero son amorales. La ética es una rama de la filosofía que se ocupa de la moral y de las obligaciones del hombre. La ética es la teoría de la conducta humana vista desde la perspectiva moral. En ese sentido, la ética intenta disciplinar el comportamiento para que el hombre busque el bien y la virtud.

Desconozco de dónde ha surgido la idea, por desgracia muy extendida, de que la actividad política está exenta, o debe estarlo, de limitaciones éticas. Justamente el divorcio entre la ética y la política ha causado mucho daño a las sociedades. Si hay una acción humana que, por su trascendencia social, debe estar rigurosamente sometida a la ética, esa es la política. Todas las acciones humanas deberían estarlo, pero con mayor razón la de conducir los destinos de los pueblos.

EL VOTO DE LOS HONDUREÑOS EN EL EXTERIOR

(Escrito en 2001)

Gran revuelo provocó en los círculos políticos nacionales la implementación del voto o sufragio de los ciudadanos hondureños residentes en el exterior. Felizmente, las aguas vuelven reposadamente a su nivel y el Tribunal Nacional de Elecciones ha comenzado a ejecutar lo decidido por el Congreso Nacional.

Para comprender el texto y el contexto del famoso Articulo 11 de la Ley Electoral y de las Organizaciones Políticas, conviene tener presente que nuestra Constitución estipula que el cuerpo electoral está conformado por todos los hondureños mayores de 18 años, de ambos sexos que gocen de sus derechos civiles y políticos.

En la actualidad, en Honduras, el sufragio universal es un derecho de todos y de todas y las condiciones de su ejercicio son: (1) La capacidad electoral y (2) La inscripción en el Censo Nacional Electoral. La primera supone la nacionalidad hondureña (por nacimiento o por naturalización) y haber cumplido 18 años. De paso hay que decir que nuestra legislación no establece restricciones de ejercicio del sufragio para los hondureños por naturalización. En segundo lugar, la obtención de la tarjeta de identidad conlleva inscripción de oficio en el Censo Electoral.

De otra parte, existen ciertas incapacidades electorales definidas por la Constitución de la República. Dichas incapacidades producen la suspensión o pérdida del derecho de voto y son de orden intelectual moral y profesional. Las primeras se refieren a las prohibiciones judiciales, es decir, a las sentencias pronunciadas por los juzgados o tribunales contra los dementes, entre otros. La incapacidad moral o indignidad penal comprende a los individuos que han sido objeto de sentencia firme condenatoria y cuyas penas lleven aparejada la privación de libertad. Finalmente, la incapacidad profesional que se aplica a los oficiales, clases y soldados de alta en las Fuerzas Armadas y a ciertos miembros de la Policía Nacional. En las democracias consolidadas, las incapacidades de orden profesional son percibidas como anacronismos de los países que experimentaron un marcado protagonismo de los militares en la vida política.

Entrando en materia, el texto del Artículo 11 de la Ley Electoral y de las Organizaciones Políticas establece que "también ejercerán el sufragio los hondureños residentes fuera del territorio nacional". Es evidente, que no existe ninguna restricción al libre sufragio y el legislador de la época únicamente dio un mandato expreso a las autoridades electorales y registrales para que crearan las condiciones técnicas y materiales para su implementación.

No está de más recordar, que el único camino para alcanzar la unanimidad en un órgano colegiado es el consenso de quienes lo conforman. Ese parece ser el sentido del decreto del Congreso Nacional cuando manda que el TNE elabore un reglamento dentro de los noventa días siguientes, con el voto unánime afirmativo de sus miembros. Asimismo, autoriza al organismo electoral a auxiliarse de los consulados para el levantamiento de los listados preliminares de electores, copia de los cuales deberá entregarse al TNE para su cotejo cuando menos con noventa días de antelación al día de las elecciones. Se reitera que en los listados se inscribirán los hondureños residentes en el exterior que exhiban su tarjeta de identidad, documento único que les servirá para ejercer el sufragio.

La implementación del voto de los hondureños residentes en el exterior constituye una medida altamente positiva en el proceso de construcción de la democracia en nuestro país. También, digna de encomio ha sido la actitud de las diferentes bancadas de los distintos partidos repre-sentados en el Congreso Nacional al solventar las dudas y los malentendidos y vencer la resistencia al cambio de manera concertada.

Además, nuestro sistema político apenas comienza a superar el "déficit democrático" con los miles de compatriotas que por razones especialmente económicas, se han visto obligados a abandonar el territorio nacional en búsqueda de nuevos horizontes en tierras lejanas y extrañas. Más temprano que tarde, las sociedades centroamericanas y caribeñas deberán enfrentar con responsabilidad el fenómeno de la migración de su fuerza laboral hacia los Estados Unidos, misma que incidirá grandemente en nuestro futuro cercano.

Sin lugar a dudas, se está haciendo justicia con la "Honduras peregrina", con los miles de connacionales que trabajan en el extranjero, especialmente en los Estados Unidos donde reside más del diez por ciento de nuestra población, y que contribuyen a la economía nacional de manera significativa, mediante el envío de remesas familiares, que sobrepasan el millón de dólares diarios.

ENCUESTAS QUE MATAN
(Escrito en 2005)

Hay encuestas que matan la credibilidad en las ciencias sociales porque son utilizadas como instrumentos para cambiar actitudes y expectativas, es decir, con las encuestas se hace política, razón por la cual en algunos países como el nuestro se prohíbe su publicación durante cierto plazo previo a las elecciones.

Las encuestas o sondeos de opinión son instrumentos que permiten darle seguimiento a las intenciones de voto y al desarrollo de tendencias políticas, pero también existen "encuestas por encargo" que son manipuladas con propósitos políticos sectarios.

El peligro de falsificar encuestas deriva de la propia naturaleza de las ciencias sociales, que son menos verificables y comprobables y, por lo tanto, más falsificables que las ciencias fisico-matemáticas. Esto lo advirtió, sin rodeos de ningún tipo, el político inglés Winston Churchill cuando dijo que "solo creía en las encuestas que él mismo había falsificado".

En la actualidad, las encuestas forman parte del mundo de la propaganda, concepto claramente definido —Artículo 143— en la Ley Electoral y de las Organizaciones Políticas de nuestro país como la "actividad que persigue ejercer influencia en la opinión y en la conducta de los ciudadanos para inducir el voto a favor de determinado candidato utilizando principalmente los medios masivos de comunicación". Por esta, razón es que las encuestas son reguladas por el Estado.

El alemán Peter Schröder, quien por cierto visitó Honduras meses atrás, sostiene en su obra "Estrategias Políticas", que la publicación de encuestas en los días anteriores a la elección —a pesar de su prohibición legal— tienen el propósito de inducir el voto de los indecisos que deciden su voto de acuerdo a quién es el previsible ganador de las elecciones: quieren estar con el ganador. Los expertos denominan a este tipo de maniobra como "salto de último minuto" (last minute swing).

Por ello, la desesperación debe ser muy grande en la cúpula del Partido Nacional para que hayan decidido violar una vez más la Ley Electoral y de las Organizaciones Políticas al publicar una encuesta prefabricada que les otorga una ventaja sobre su tradicional adversario el Partido Liberal.

Sin embargo, no hay que pensar que se trata de una decisión precipitada, todo lo contrario, se trata de una decisión fría y calculada que toma en consideración la relación costo-beneficio en la campaña electoral. Los objetivos de la operación del Partido Nacional básicamente son: (1) Inducir el voto de los indecisos. (2) Desmoralizar y desmovilizar a los partidos de oposición, especialmente a los liberales, y; (3) publicar encuestas a pie de urna el propio día de las elecciones para que los partidos de oposición abandonen las mesas electorales antes de finalizar el escrutinio, de la misma manera que ocurrió en las pasadas elecciones internas del 20 de febrero.

La lógica dominante en el Partido Nacional es que "como hay un empate técnico con los liberales, si hacemos un salto de último minuto y ganamos, enhorabuena, si no lo hacemos, podríamos lamentarlo si perdemos. Después de todo, poco importa pagar las millonarias multas y que seamos percibidos como un partido político violador de la ley, si retenemos el poder".

Sin embargo, toda acción genera una reacción. La cúpula nacionalista no calculó el efecto de cerrar filas que produjo la encuesta entre los votantes liberales. En realidad, después de la publicación de la misma, los candidatos liberales han pasado a la ofensiva y el repunte es observable en el aumento de banderas y símbolos liberales en las casas y de "stickers" en los vehículos de las ciudades importantes del país.

Las organizaciones de la sociedad civil y entidades internacionales que monitorean el proceso electoral, muy atentas "a los hilos que se están hilando y a las tramas que se están tejiendo", como el Movimiento Cívico para la Democracia, la Organización de Estados Americanos (OEA), el Centro de Política Internacional de Washington, D.C. y la USAID de los Estados Unidos de América se han convertido, de hecho, en los garantes del proceso.

Por ejemplo, no pasó desapercibido para los analistas, la reunión del pasado 5 de noviembre entre una delegación de altos funcionarios de la Embajada de los EEUU, encuentro encabezado por el Consejero Político, Perry Olsen, con los asesores técnicos del Tribunal Supremo Electoral, donde los visitantes externaron su preocupación de que los delegados a las Mesas Electorales Receptoras (MER) abandonen sus puestos antes de finalizar el escrutinio como ocurrió en los comicios internos del 20 de febrero pasado. Hay que evitar que la publicación de encuestas a pie de urna previstas el propio día de las elecciones descarrile el proceso electoral.

Finalmente, ha quedado demostrado una vez más, que en nuestro país "la ley es una señora respetable pero poco respetada". Qué pena, que quienes pervierten la política la hayan convertido en un lugar donde convergen intereses mezquinos y oscuros y donde la ley es puro papel mojado.

PROCESO ELECTORAL INTERNO Y PRIMARIO DE 2012

¿Cuáles son los cambios y tendencias registrados en el pasado proceso electoral en las instituciones y fuerzas políticas que participaron en la pasada contienda, de cara a las elecciones generales del 2013?

El cambio, entendido como la búsqueda de algo diferente a las propuestas y prácticas del bipartidismo, quedó demostrado en siete departamentos (Francisco Morazán, Gracias a Dios, Intibucá, Lempira, Olancho y Santa Bárbara) donde el Partido Libertad y Refundación (Libre) superó al Partido Liberal y en uno (Colón) al

Partido Nacional. Los departamentos de Choluteca e Islas de la Bahía aparecen como los bastiones más sólidos del bipartidismo conservador.

La inercia social influye en los partidos e instituciones porque éstos subsisten mucho tiempo después de que han desaparecido los factores que les dieron vida. La inercia social contribuye a que sobrevivan posiciones o actitudes que no corresponden a la realidad. Estas se petrifican y fosilizan hasta convertirse en obstáculos para el cambio.

Las elecciones primarias del 2012 han sido las más concurridas en toda la historia de Honduras: acudieron a las urnas 2,444,000 electores, equivalente al 47.8 por ciento. No participaron 2,665,000 que representa el 52.2% de un total de 5,109,000 del Censo Nacional Electoral. Hay que tener presente que en una elección de esta naturaleza únicamente participa el voto duro, es decir, los miembros y militantes. El resto, que es la mayoría, son los simpatizantes, los independientes, los ausentes y los que se abstienen.

Algunos hallazgos relevantes:

1. **Más que no significan más.** Oficialmente la elección interna recién pasada supera en participación a las elecciones generales del 2009.
2. **El voto en blanco y nulo.** Cerca de 300,000 electores votaron en blanco o anularon su voto en las pasadas elecciones en los diferentes partidos que participaron en la contienda.
3. **El partido más sufragado y el candidato más votado.** Para el proceso electoral de noviembre de 2013, el Partido Nacional se posiciona como la primera fuerza política del país. De lejos supera a su adversario tradicional, el Partido Liberal y al nuevo Partido LIBRE; gana en 16 departamentos y en la mayoría de las alcaldías del país. Xiomara Castro de Zelaya del Partido LIBRE es la candidata más votada. Pero en política, las mayorías matemáticas no son mayorías automáticas.
4. **El Partido Liberal.** Es la segunda fuerza política y el candidato ganador Mauricio Villeda se impuso en 6 departamentos (los más poblados del país) a Yani Rosenthal

–(con 12 departamentos) y se alzó con la mayoría de las 298 alcaldías.

5. **Los liderazgos.** Los parientes cercanos o lejanos de expresidentes para abajo coparon buena parte de cargos de elección popular, lo cual le da al proceso un inconfundible sabor oligárquico.
6. **Las élites no circulan lo suficiente.** La permanencia de la élite en el poder y dar pocas oportunidades de participación a las élites emergentes constituye a largo plazo un peligro para el sistema.
7. **El bipartidismo termina y comienza el multipartidismo.** El bipartidismo es un enfermo que goza de buena salud, los partidos tradicionales unidos lograron 1,822,577 votos, lo cual representa un 74.5% de los que concurrieron a las urnas y un 35.6% del total del Censo Nacional Electoral. El Partido LIBRE, por su parte, representa el 25.5% de los que concurrieron a las urnas y 11.1% del Censo Nacional Electoral total. Evidentemente, que los partidos políticos no son organismos monolíticos sino entes en permanente mutación que reflejan los conflictos, intereses y valores de la sociedad en su conjunto.
8. **Cohesión y disciplina de los partidos políticos.** El golpe de Estado del 28 de junio y el ejercicio del poder —y su consiguiente degaste— son los elementos fundamentales que rompieron la fuerte cohesión y disciplina vigente durante casi 30 años en los partidos tradicionales. La consecuencia fue la división del Partido Liberal, y la tendencia a la dispersión en el Partido Nacional.
9. **Los grupos de poder y los partidos políticos.** Desde hace algún tiempo, los grupos de poder han tomado el control de los partidos políticos, especialmente de los tradicionales. Los grupos empresariales del centro del país y el denominado "Grupo de los 12" de San Pedro Sula apoyan de manera simultánea a los precandidatos con más posibilidades de triunfo. En las elecciones que comentamos apostaron por Ricardo Álvarez del Partido Nacional y por Mauricio Villeda del Partido Liberal. Pero el triunfo de Juan Orlando

Hernández alteró los planes. JOH es quien controla la maquinaria del partido y goza del apoyo del presidente Lobo, y representa a grupos emergentes que se han enriquecido haciendo negocios con el Estado.

Conclusiones. Uno de los tres candidatos ganadores (Juan Orlando Hernández, Xiomara Castro de Zelaya o Mauricio Villeda) será el próximo presidente de Honduras, pero ninguno se podría dar como seguro ganador. De alcanzarse la unidad del Partido Nacional, los nacionales estarían sellando la victoria en noviembre de 2013.

El Partido Liberal se ha convertido en la segunda fuerza y su candidato oficial, Mauricio Villeda. Las Fuerzas Armadas seguirán fortaleciéndose y los partidos e instituciones civiles debilitándose, por la torpeza e incompetencia de la clase política, de construir acuerdos y consensos duraderos.

EL PACTO ANTIFRAUDE

El lejano 21 de agosto de 2013, los diferentes candidatos a la presidencia de la República firmaron un documento denominado "Compromiso de Garantías Mínimas para la Ética y la Transparencia Electoral", de cara a las elecciones generales del domingo 24 de noviembre. En realidad, es un pacto antifraude que busca prevenirlo con las herramientas que proporciona la Constitución y la legislación electoral vigente.

En ese sentido, es un documento valioso que su cabal cumplimiento contribuirá significativamente a la paz y a la estabilidad de Honduras. No existe la intención de restarle importancia al denominarlo "Pacto Antifraude"; se le llama así, porque el combate al fraude y a la corrupción electoral es la idea central que lo inspira. Es bueno llamar a las cosas por su nombre.

El rumor del fraude. La impostergable necesidad de firmar un compromiso mínimo de garantías electorales, nace del persistente rumor que recorre el país, especialmente después de las elecciones primarias de 2012. El clima preelectoral ha estado marcado por la confrontación y la desconfianza producidas por el golpe de Estado del 2009. Dichas elecciones primarias no ayudaron a mejorar el ambiente político. En efecto, las alegaciones de fraude al interior del Partido Nacional en contra de JOH de parte de Ricardo Álvarez, su principal contendor, se resolvió de manera autoritaria cuando el Congreso Nacional destituyó (el 12 de diciembre de 2012) de manera intempestiva a los magistrados de la Sala Constitucional de la Corte Suprema de Justicia.

Las recurrentes acciones autoritarias ejecutadas por la mayoría mecánica del partido de gobierno y de sus aliados en el Congreso Nacional, calaron fuerte en la opinión pública, al punto de creer que JOH ganaría las elecciones "a como diera lugar". No obstante que el Partido Nacional obtuvo más de un millón de votos en las elecciones primarias, sucesivas encuestas de opinión no lo colocan en primer lugar.

Nasralla y la insurrección popular. La posibilidad de una insurrección popular ante un eventual fraude electoral fue anunciada por Salvador Nasralla, misma que desató ataques desproporcionados de sus adversarios. Muchos dirigentes lo pensaron, pocos lo dijeron. Asimismo, dichas declaraciones influyeron en el ánimo de los patrocinadores del pacto para acelerar la suscripción del mismo. Un paréntesis: el derecho a la insurrección popular es un derecho constitucional reconocido desde 1957 y desarrollado en la Constitución vigente.

El objetivo del pacto. Los patrocinadores, donde sobresalen el G—16 (que agrupa a la comunidad de países donantes y organismos internacionales), el PNUD y el TSE/RNP buscan crear las condiciones para un proceso electoral de calidad donde "prime la transparencia y el respeto de la voluntad popular que fortalezca la gobernabilidad democrática y el Estado de derecho en Honduras". El pacto es reiterativo y hasta redundante, porque los compromisos adquiridos son parte de los deberes y obligaciones de los partidos políticos consignados en la Constitución y la Ley Electoral y de las Organizaciones Políticas. Reconozcamos que hay compromisos muy difíciles de cumplir, como ser evitar el uso de los recursos públicos a nivel nacional, departamental o local a favor del partido de gobierno y de los candidatos oficialistas, y evitar las prácticas de compra de votos, empleos, regalos, o cualquier forma de coerción o intimidación a los electores. Algún día tendremos un Estado que no sea botín de los políticos de oficio.

Lo importante es lograr resolver tres problemas fundamentales para tener un proceso electoral transparente y cuyos resultados sean aceptados por todos, como: (1) Una composición transparente y equitativa de las Mesas Electorales Receptoras (MER). (2) Evitar el tráfico de credenciales, y; (3) Alcanzar un acuerdo sobre el proceso de transmisión, divulgación y escrutinio de los resultados.

En definitiva, nuestros dirigentes políticos están obligados a vencer la maldición de un truculento dictador centroamericano del siglo anterior que decía desvergonzadamente a sus adversarios, al concluir el banquete que celebraba la firma de un pacto o acuerdo: "Firmar me harás, cumplir jamás, chocho".

LA COMPRA DE VOTOS

(Escrito en 2014)

En fecha reciente el Instituto Nacional Demócrata (NDI, por sus siglas en inglés) presentó en Tegucigalpa el estudio "Honduras, Elecciones 2013: Compra de Votos y Democracia", que contiene los resultados de una encuesta nacional realizada por la empresa Borge y Asociados, analizada por el investigador Carlos Meléndez de la Universidad de Notre Dame, Indiana, EEUU, y comentada por Víctor Meza y Leticia Salomón, investigadores del Centro de Documentación de Honduras (Cedoh)

"Según las respuestas directas de los encuestados, la candidatura del actual presidente Hernández fue la más asociada a la compra de votos. Entre los que votaron por el candidato del PN casi el 18% estuvo involucrado en este tipo de acto clientelar. La segunda proporción más grande (9.21%) la encontramos entre los que votaron por el candidato del PL. Entre los que votaron por los candidatos de los partidos de reciente creación como Libertad y Refundación y el Partido AntiCorrupción (PAC) la proporción de involucrados en compra de votos fue del 5% en cada uno de los casos". El 18% (203,000 votos) de los ciudadanos que votaron a favor del candidato declarado como ganador, hoy Presidente de Honduras, reconocieron haber vendido su voto".

A la mala práctica de compra de votos se suma la precariedad de la institucionalidad electoral, que hizo posible la "captura" de las

Mesas Electorales Receptoras (MER) por parte del partido de gobierno.

Según la Ley Electoral, cada partido político tiene derecho a acreditar un representante propietario y un suplente en las 16,000 mesas que el Tribunal Supremo Electoral (TSE) instaló en todo el país, es decir 32,000 representantes. Teóricamente cada partido político debió obtener como mínimo el voto de sus representantes y candidatos. Pero no ocurrió así.

La mano peluda. Hay fuertes sospechas de que algunos dirigentes locales de los denominados partidos políticos "de maletín", como el Frente Amplio FAPER-UD y el Partido Alianza Patriótica, la Democracia Cristiana y en menor medida el Partido de Innovación y Unidad-Social Demócrata (Pinu), vendieron las credenciales al Partido Nacional y este logró colocar descaradamente en las MER hasta 10 de sus parciales contra 6 de los partidos de oposición.

ELECCIONES GENERALES 2013:
VOTOS VÁLIDOS POR PARTIDO POLÍTICO

Datos Generales	Valores	%
Población	8,296,693	100.00
Padrón electoral	5,355,112	100.00
Nuevos votantes	743,901	13.89
Votantes elecciones generales	3,275,346	61.16
Votantes elecciones internas	2,458,558	
Mesas electorales receptoras	16,000	

Las sospechas aumentan en los casos de los partidos FAPER-UD y Alianza Patriótica porque meses atrás habían acreditado 45,000 firmas para ser inscritos en el TSE.

Datos electorales	Votos	%	Diputados	Alcaldes
P. Nacional J.Hernández	1,149,302	1,149,302	48	183
P. Liberal M.Villeda	632,320	632,320	27	83
Pinu-SD J.Aguilar P.	4,468	4,468	1	0
D. Cristiana Orle Solís	5,194	1	1	1
Libre Xiomara C.	896,498	896,498	37	31
P.AntiCorrupción S. Nasralla	418,443	418,433	13	0
A. Patriótica Romeo Vásquez	6,105	6,105	0	0
U.D. Faper Andrés Pavón	3,118	3,118	1	0
Votos válidos	3,115,488			
Votos blancos	51,727			
Votos nulos	108,171			
Votos mujeres	2,724,004			
Votos EEUU	46,331			
Participación	3,275,346			

Quien proporcionó una prueba irrebatible fue el propio TSE: Los partidos "de maletín" no lograron ni siquiera el uno por ciento de los votos válidos. Es decir, ni sus representantes votaron por ellos.

La compra de votos y el tráfico de credenciales de los partidos "de maletín" actúan como mecanismos distorsionadores de la voluntad ciudadana, que no hacen más que aumentar el descrédito de la democracia hondureña y poner en tela de juicio la legitimidad del sistema electoral. Estas prácticas evidentemente corruptas, deben ser erradicadas.

En resumen, no son las leyes las que cambian la realidad, es la realidad la que cambia las leyes. La promulgación de una nueva ley electoral es una necesidad impostergable.

Los resultados de las elecciones de 2013 crearon una nueva realidad política que el partido de gobierno no puede ignorar, sin poner en peligro la gobernabilidad del país o ¿acaso se repetirá el grotesco espectáculo en las elecciones en el 2017 y posteriores?

LA DEUDA POLÍTICA Y LOS PARTIDOS DE MALETÍN

(Escrito en 2014)

Queremos reflexionar sobre la legalidad y legitimidad de las cuantiosas sumas de dinero que, por concepto de deuda política, recibirán los llamados "partidos de maletin" —FAPER-UD y Alianza Patriótica—, la DC y el PINU-SD.

Marco Legal. La Ley Electoral y de las Organizaciones Políticas, en su Artículo 82 define lo que es deuda política y en el mismo establece que "ningún Partido Político podrá recibir menos del qui quince por ciento (15%) de la suma asignada al Partido Político que obtenga el mayor número total de sufragios salvo que éste haya obtenido menos de diez mil (10,000) votos en su nivel electivo más votado". He aquí una trampa: en países democráticos para que un partido político mantenga su inscripción, es necesario que obtenga un mínimo de un cinco por ciento (5%) de los votos válidos en una elección. A su vez dicha trampa es inequívocamente inconstitucional porque violenta el principio de igualdad contenido en el Artículo 44 Constitucional: "El voto es universal, obligatorio, igualitario, directo, libre y secreto". Ilustramos nuestra afirmación con el cuadro de las distribuciones de la deuda política en las elecciones 2009, 2013 y 2017:

ELECCIONES 2009-2017: VOTOS VÁLIDOS Y DEUDA POLÍTICA

PARTIDO NACIONAL:

2009: costo por voto: L.33.54
Votos: 1,213,695
Deuda lps. 40,707,330.30

2013: costo por voto: L.39.39
Votos: 1,149,302
Deuda: 45,271,005.78

2017: costo por voto: L78.78
Votos: L.1,410,888
Deuda: 111,149,756.64

PARTIDO LIBERAL:
2009: costo por voto: L.33.54
Votos: 817,524
Deuda L. 27,419,754.96

2013: costo por voto: L.39.39
Votos: 632,320
Deuda: 24,907,084.80

2017: costo por voto: L78.78
Votos: 484,187
Deuda: 38,144,251.86

LIBRE:
2013: costo por voto: L.39.39
Votos: 896,498
Deuda: 35,313,056.22

2017: costo por voto: L78.78
Votos: 1,360,442
Deuda: 107,175,620.76

El Estado debe pagar la deuda política en dos cuotas: la primera, que representa el sesenta por ciento (60%), calculada sobre los resultados del proceso electoral anterior, y la segunda equivalente al cuarenta por ciento (40%) restante, calculada con base en los resultados finales de la elección. Cabe señalar que los partidos nuevos (Libre, PAC y Alianza Patriótica) no recibieron ningún adelanto porque fue su primera participación en procesos electorales.

Tsunami electoral. En las elecciones de 2013 se produjo un "tsunami electoral" que no se refleja en la distribución de la deuda política, ni en una remodelación institucional que incluyese a las nuevas fuerzas políticas más fuertes (Libre y PAC).

Paradojas. Con insospechadas trampas e ingeniosos trucos, los partidos DC, PINU-SD y UD, que obtuvieron menos votos que en el 2009, recibirán más dinero en concepto de deuda política en el 2013. Conjuntamente estos partidos obtuvieron 114,793 votos en 2009 y cuatro años después solamente obtuvieron 12,780 votos. Esto significa que 102,013 electores desertaron y ahora, estos tres partidos, ni siquiera representan el uno por ciento del total de los votos válidos. Podemos afirmar que la combinación de trampas y trucos ha producido un descuadre entre los resultados electorales y la representación política que amenaza seriamente la gobernabilidad democrática del país.

Es un grave error que el Partido Nacional y sus aliados se opongan a la reforma de una ley electoral que está en abierta contradicción con las nuevas realidades políticas surgidas del proceso electoral del 2013.

Vino nuevo en odres viejos. En conclusión, las viejas reglas electorales no sirven para tratar las nuevas realidades, sirven únicamente para mantener una institucionalidad ficticia que no contribuye al desarrollo democrático. Sin duda alguna, Honduras urge de una nueva ley electoral que permita avanzar hacia una democracia más auténtica.

EL BALOTAJE O SEGUNDA VUELTA
(Escrito en 2015)

En días pasados, el partido de gobierno y sus aliados impidieron la aprobación de la reforma constitucional propuesta por el Partido Liberal, tendente a introducir el balotaje o segunda vuelta. Es lamentable que el país continué sin rumbo por culpa o incapacidad de los políticos en ponerse de acuerdo en una ley electoral que se ajuste a la nueva realidad política e institucional. El balotaje o segunda vuelta es un procedimiento a través del cual se obtiene una mayoría absoluta o una mayoría relativa calificada, entre dos o más mayorías relativas resultantes de una primera vuelta. La mayoría absoluta es la mitad más uno y la mayoría relativa calificada es la que obtiene un candidato de entre los que obtuvieron menos del 50 por ciento.

Origen. El ballotage es una institución propia del derecho electoral francés, que se inició en 1852 bajo Napoleón III. De ahí la tomaron varios países con el ánimo de asegurar que el gobernante sea el fruto de la mayoría absoluta de los electores en aquellos sistemas multipartidistas en que las elecciones del Ejecutivo arrojan sólo mayorías relativas y en algunos casos muy bajas.

Se sostiene que una de las causas coadyuvantes de la crisis de los sistemas democráticos en América Latina ha sido la carencia de mayorías robustas de respaldo a la gestión de los gobiernos. En ese sentido, la institución objeto de análisis tiene efectos positivos en el proceso de gobernabilidad, entendida ésta como "las pautas que se deben seguir para asegurar la vigencia del sistema".

De la mayoría absoluta a la mayoría simple. En Honduras, la preocupación de que un presidente no lograra la mayoría absoluta siempre estuvo presente a lo largo de la historia. Desde la Constitución de 1839 hasta la de 1957, cuando ninguno de los candidatos a la presidencia de la República alcanzaba la mayoría absoluta, la elección era de segundo grado, es decir, la realizaba el Congreso Nacional entre los candidatos que hubieren obtenido el mayor número de votos. Infelizmente, las malas artes en política distorsionaron el mecanismo y desencadenaron al menos dos sangrientas guerras civiles (1902 y 1924) y provocaron la ruptura del orden constitucional en 1954.

En esa ocasión, los diputados de los partidos perdedores (el Partido Nacional y el Movimiento Nacional Reformista) no se presentaron al Congreso, rompieron el orden constitucional y Julio Lozano Diaz se convirtió en gobernante de facto. De esta manera, impidieron que Villeda Morales asumiera el poder y fue hasta en la Constitución de 1957 que se estableció que el presidente de la República fuera electo directamente por el pueblo, por mayoría simple de votos.

Las elecciones internas y primarias como una forma sui generis de primera vuelta. Después del triunfo de la revolución en Nicaragua en el año 1979, en Honduras se aceleró el proceso de retorno al orden constitucional, y los grupos progresistas del Partido Liberal lograron el derecho de celebrar elecciones internas y primarias.

Es del caso destacar los nombres de Edmond L. Bográn, Carlos Roberto Reina, Jorge Bueso Arias y Jaime Rosenthal como los promotores principales de la iniciativa. De esta manera se estableció un sistema bipartidista perfecto (es decir, donde dos grandes partidos alcanzan más del 95% de los sufragios) y se institucionalizaron las elecciones internas y primarias. Así, se estableció de hecho una "segunda vuelta a la hondureña", en el sentido que la presidencia de la República se decidía en las elecciones generales entre dos candidatos de los partidos grandes y lo mismo ocurría con los candidatos a diputados y alcaldes.

Del bipartidismo al multipartidismo. Todo cambió con el golpe de Estado del 28 de junio de 2009. El golpe actuó como el desencadenante de un proceso de cambios institucionales que todavía no han concluido y que el balotaje o segunda vuelta forma parte de él. Los resultados electorales del 2013 confirmaron esta tendencia y crearon una nueva correlación de fuerzas en el Congreso Nacional. Nadie puede razonablemente ignorarlo.

En resumen, la mayoría de los países de América Latina han adoptado el balotaje o segunda vuelta como un mecanismo eficaz para darle una mayor legitimidad al gobierno y fortalecer la gobernabilidad democrática. Existe una relación de causa muy estrecha entre bipartidismo y primera vuelta, y entre multipartidismo y balotaje o segunda vuelta. Finalmente, conviene no olvidar que Juan Orlando Hernández es el presidente de la República que ha sido electo con el porcentaje más bajo en todo periodo de retorno a la democracia.

Por todo ello, el balotaje o segunda vuelta no solamente es necesario sino indispensable.

EL FINANCIAMIENTO DE LOS PARTIDOS POLÍTICOS: UNA PERSPECTIVA COMPARADA

(Escrito en 2006)

Esta parte está inspirada en una obra colectiva denominada "La Política Importa, Democracia y Desarrollo en América Latina" elaborada bajo la dirección de Mark Payne y específicamente en el capítulo siete denominado "Democratización y financiamiento de los partidos políticos", firmado por Daniel Zovatto y Flavia Freidenberg. La investigación fue financiada por el Banco Interamericano de Desarrollo (BID) y por el Instituto Internacional para la Democracia y la Asistencia Electoral (IDEA), y publicada en 2006 por la Editorial Planeta de México.

En esta serie de artículos abordaremos los aspectos fundamentales, las características esenciales y las tendencias generales de los sistemas de financiamiento político en América Latina.

Como sabemos, la relación entre el dinero y la actividad política es crucial para la salud y la calidad de la democracia. Regular el uso del dinero genera un conflicto entre el principio de la libertad de expresión y los de imparcialidad y de justicia en las elecciones.

El tema no es nuevo pues la conexión entre dinero y política se ha asociado con los partidos prácticamente desde su creación. No obstante, el tema ha adquirido mayor relevancia en comparación con el pasado, debido al creciente costo de las campañas electorales que implican el uso, cada vez mayor, de la televisión, asesores, encuestas y grupos focales.

Un sistema balanceado y equitativo para financiar a los partidos políticos constituye un requisito indispensable para la celebración de elecciones verdaderamente competitivas y justas.

Ahora, veamos ¿cuáles son los aspectos fundamentales del financiamiento? La consolidación de la democracia en América Latina ha contribuido a que los partidos políticos retomaran su papel como actores principales de la escena política, al conferirles la legitimidad constitucional de entidades autónomas. En ese contexto, los gastos electorales y de funcionamiento han aumentado de manera exponencial sobre todo a causa de que las campañas electorales suponen montos cada vez más elevados en concepto de gastos de publicidad televisiva, de marketing, encuestas de opinión, entre otros. Ante tal situación, muchos líderes de partidos políticos ceden a la tentación de prestar poca atención al origen de los fondos y abren así las puertas al financiamiento ilegal.

El debate sobre el financiamiento en América Latina gira en torno a cuatro tópicos principales.

El primero, tiene que ver con la posibilidad de regular el financiamiento de los partidos y en qué medida esto se realiza. En la región no existe un patrón sistemático al respecto. Algunos países como México han establecido un marco regulador detallado, mientras otros como Uruguay y El Salvador, aplican pocas regulaciones.

El segundo aspecto clave es el modo de financiamiento, es decir, si deben utilizarse mecanismos de financiamiento privados, públicos o mixtos y, en este último caso, cuál sería el balance apropiado entre los fondos privados y los públicos. Varios sectores sociales y políticos cuestionan la pertinencia de que el Estado invierta cuantiosas sumas de sus propias arcas en los partidos políticos, en especial en el contexto de las crisis fiscales que aquejan a varios gobiernos de América Latina. La oposición al financiamiento público de los partidos políticos está cobrando fuerza debido a la crisis generalizada de credibilidad que enfrentan esas instituciones y sus dirigentes.

El tercer punto se relaciona con la necesidad de adoptar mecanismos para reducir la demanda de dinero para actividades electorales y garantizar la mejor asignación de los fondos públicos. Quienes proponen poner freno al costo de las campañas, afirman que la provisión de dinero en una escala tan elevada socava la justicia de la contienda electoral, aumenta el riesgo de recurrir a formas ilegales de financiamiento y generaliza las prácticas corruptas y el tráfico de influencias.

Por último, se debe abordar el tema de la creación o del fortalecimiento de mecanismos y entidades de control y un sistema de sanciones destinados a generar mayor transparencia y facilitar la rendición de cuentas y el cumplimiento de las leyes sobre el financiamiento político.

CARACTERÍSTICAS ESENCIALES DE LOS SISTEMAS DE FINANCIAMIENTO POLÍTICO

Sistemas de financiamiento. En el 94% de los países de la región latinoamericana prevalece el sistema de financiamiento mixto, según el cual, los partidos políticos reciben fondos, tanto públicos como privados, para financiar sus campañas electorales y/o sufragar sus gastos de funcionamiento ordinario. El financiamiento público es mediante subsidios directos (dinero o bonos) o indirectos (beneficios tributarios, dispensas para la libre introducción de vehículos de trabajo, equipos de sonido, material informático y fotográfico, libre acceso a servicios de telecomunicaciones, acceso a medios de comunicación, capacitación y formación). En nuestro país los partidos pueden introducir libre de impuesto bienes y equipos sin que el valor de los impuestos a pagar exceda dos millones de lempiras.

Actividades objeto de financiamiento público. En esta categoría se encuentran los gastos operativos de los partidos políticos, los gastos de campaña y una combinación de ambos. Diez de los países latinoamericanos proporcionan financiación pública directa para el funcionamiento de los partidos y para las campañas electorales, en tanto otros seis financian únicamente las campañas electorales. Durante los últimos años en países como Argentina, Bolivia, Brasil, Colombia, México, Panamá y Perú, se ha asignado un porcentaje del financiamiento público para cubrir actividades de capacitación e investigación en los partidos políticos. En Honduras únicamente está contemplada la financiación de las campañas electorales a través de la deuda política.

Barreras legales. Para que un partido sea beneficiario de la deuda política en el 71% de los países se exige un porcentaje mínimo de votos o contar con representación parlamentaria. En nuestro caso, es necesario obtener como mínimo diez mil votos válidos en el nivel electivo más votado o contar con representación parlamentaria.

Criterios para la asignación de fondos. Los métodos para la distribución del financiamiento público directo en la región son fundamentalmente tres, uno proporcional a la fuerza electoral, un método combinado en el que una parte se distribuye equitativamente entre todos los partidos y la otra de acuerdo con la fuerza electoral: y un tercer método en el que una parte se atribuye de manera proporcional a la fuerza electoral y otra, de acuerdo, con la representación parlamentaria.

Prohibición de contribuciones provenientes de ciertas fuentes. La mayor parte de los países establece restricciones en cuanto al origen de las contribuciones privadas, predominan las prohibiciones de donaciones de gobiernos, instituciones o individuos del extranjero, de contratistas del Estado y personas anónimas.

Límites o techos a las contribuciones privadas. En la mayoría de los países se han establecido techos o limites en los montos máximos que los partidos pueden recibir por ese concepto de contribuciones privadas. En nuestro país no se ha establecido un techo o limite a las contribuciones privadas.

Acceso de los partidos políticos a los medios de comunicación. En este caso cabe distinguir tres niveles: televisión, radio y prensa escrita. Hay que subrayar que la actividad política se expresa hoy más que nunca a través de los medios de comunicación social, a tal grado que algunos consideran "que el estudio de televisión ha sustituido a la plaza pública". En América Latina existen diversas modalidades de acceso de los partidos políticos a los medios electrónicos: 1) Una franja electoral gratuita y para expresión de pensamiento en tiempo de las campañas electorales. Es la única forma de propaganda permitida y se prohíbe el pago de espacios a fuerzas políticas. Puede ser en la televisión y también en la radio o únicamente en alguno de esos medios. Esto sólo se da en Brasil y Chile. 2) Un sistema mixto que combina el uso de franjas reguladas públicamente y libertad de contratación en un esquema de tres niveles; a) Franja gratuita además de espacios pagados con fondos públicos y espacios contratados privadamente; b) Franja electoral en medios estatales y privados y posibilidad de contratar espacios privadamente; y, c) Franja en espacio estatal y posibilidad de contratar espacios privadamente.

En todos los casos la franja estatal es prácticamente irrelevante y en algunos casos inexistente. La contratación de publicidad suele no tener límites; y, 3) Libertad de contratación de tiempo en radio y televisión. En nuestro país existe un régimen de libre contratación y la única limitación se encuentra en el período de propaganda electoral que está limitada a 50 días calendarios anteriores a la práctica de las elecciones primarias y 90 días calendario a anteriores a la celebración de las elecciones generales.

TENDENCIAS GENERALES DE LOS SISTEMAS DE FINANCIAMIENTO POLÍTICO

Preservación del sistema mixto. El sistema mixto se utiliza en todos los países excepto en Venezuela, donde el Estado no financia los partidos políticos. No existe una tendencia regional clara que favorezca el financiamiento público o el privado. Sin embargo hay que señalar que la reforma mexicana de 1996 se ha reproducido en algunas propuestas de reforma en Argentina, Brasil y Colombia.

La conversión de los gastos de campaña en inversión electoral. Han surgido dos tendencias en lo que respecta al gasto electoral: una dirigida a restringir los gastos de publicidad política y la otra orientada a incrementar la inversión pública para fortalecer, modernizar y capacitar a los partidos y sus dirigentes. En ese sentido, se ha abierto una tercera ventana al financiamiento público diseñada para fortalecer la cultura política y las actividades de investigación y capacitación de los miembros de los partidos.

Limitación a las contribuciones privadas. Los escándalos de corrupción y la conexión entre los partidos y sus candidatos y el dinero obtenido mediante actividades ilícitas, en particular el narcotráfico, han llevado a tomar medidas para limitar o prohibir las contribuciones privadas de ciertos orígenes y montos.

En Honduras no existe límite para las donaciones privadas y la normativa se limita a establecer un registro obligatorio para las donaciones superiores a los 120 salarios mínimos.

Acceso equitativo a los medios de comunicación. Existe una tendencia creciente a facilitar un acceso más equitativo a los medios de comunicación, en particular a la televisión, debido a su papel clave en las campañas electorales. La legislación más reciente incluye regulaciones para garantizar el libre acceso a los medios, en especial los del Estado. Pese a esta tendencia, a la mayoría de los países le queda un largo camino para contrarrestar la desigualdad de condiciones con que compiten las fuerzas políticas.

Mejoramiento de la rendición de cuentas y la transparencia en la administración de los recursos. Existe una tendencia creciente a requerir que los partidos den a conocer su presupuesto así como la administración y el uso de los recursos públicos y los provenientes de las fuentes privadas. En nuestro país, los partidos están obligados a presentar informes que deberán contener el Balance General y el Estado de Resultado de cada ejercicio fiscal y por separado de cada proceso electoral.

Fortalecimiento de los mecanismos y entidades encargadas de aplicar las leyes. En la mayoría de los países los organismos electorales están facultados para supervisar y controlar las actividades financieras de los partidos, pero su capacidad de cumplir estas funciones es bastante limitada.

Rigurosidad de los mecanismos de sanción. En relación con el tema de las sanciones, las experiencias comparadas corroboran que aún cuando se ha legislado abundantemente al respecto, en la mayoría de los países las sanciones existentes son insuficientes e inoperantes. Parece claro que sin un sistema eficaz de sanciones que comprenda no sólo las tradicionales multas, sino también castigos que afecten la libertad individual, las normas sobre el financiamiento de campañas electorales no pasarán de ser un conjunto de buenos propósitos. En nuestro país, la justicia ordinaria conoce de los juicios por delitos y faltas electorales, excepto las sanciones administrativas y pecuniarias que le corresponde imponer al Tribunal Supremo Electoral

El tema del financiamiento de los partidos políticos es dinámico y en constante evolución. Con el establecimiento del financiamiento público en las legislaciones chilena y peruana en 2003, se consolidó una tendencia en la región de instaurar en todos los países —salvo el caso de Venezuela— el financiamiento estatal compuesto (directo e indirecto).

Se puede afirmar que en América Latina predomina, en lo formal, un sistema mixto, con una tendencia a favor del financiamiento público y una proclividad a acentuar los límites legales a las contribuciones privadas. Estos rasgos formales contrastan, empero, con la percepción generalizada de que estas últimas (las contribuciones privadas) superan ampliamente a los fondos públicos en la casi totalidad de los países de la región. El financiamiento público no ha funcionado como un sustituto parcial del privado, sino como un suplemento del mismo. Por ello, y pese a su contribución positiva, su impacto a la fecha ha sido limitado y ha variado de país en país.

Existe una tendencia a favor de controlar *los disparadores* —la cursiva es nuestra— del gasto electoral, estableciendo topes y acortando campañas, con resultados disímiles en los diferentes países. Esta tendencia se ve acompañada de una orientación en el uso de los recursos públicos —bajo el concepto de inversión electoral— destinado al fortalecimiento de los partidos políticos mediante el apoyo a actividades de investigación y capacitación.

Regulación precaria o inexistente en el tema del acceso equitativo a los medios de comunicación. Este tema, y particularmente en lo que se refiere al acceso a la televisión, presenta uno de los mayores vacíos a escala regional con la excepción de unos pocos países. Sin perjuicio de reconocer ciertos avances en la mayoría de las reformas recientes, esta no ha venido acompañada del necesario fortalecimiento de los órganos de control y del régimen de sanciones. Esta situación sigue siendo el talón de Aquiles de muchos sistemas de financiamiento de la región.

Para finalizar, se enfatiza en dos conclusiones principales. La primera es que el financiamiento de los partidos políticos y de las campañas electorales resulta un tema complejo, controversial, irresuelto, para lo cual no existen panaceas ni fórmulas mágicas y cuyo perfeccionamiento se alcanza por aproximaciones sucesivas, más que por amplias y muy ambiciosas iniciativas de reforma. En efecto, este es un asunto no solamente técnico sino esencialmente político, que resulta clave para la calidad y buen funcionamiento de la democracia.

La segunda conclusión es que el establecimiento de un sistema de financiamiento equitativo, transparente y sujeto a control debe estar siempre determinado por los objetivos generales y específicos que se persiguen, responder a las particularidades y necesidades propias de cada país y fundamentalmente en una perspectiva de largo plazo y bien articulada.

En la mayoría de nuestros países "la ley es una señora respetable pero poco respetada". Por ello, no es suficiente recorrer el camino de las reformas legales, es necesario trabajar por un nuevo acercamiento de la acción política y la ética, para que haya una nueva convergencia entre la ética y la política y que, en el cumplimiento de este objetivo estratégico para la salud y la calidad de la democracia en la región, se lleve a cabo la democratización interna de los partidos, para lo cual la financiación de la política juega un papel determinante.

EL CONGRESO NACIONAL Y LA GOBERNABILIDAD DEMOCRÁTICA

(Escrito en 2014)

Por primera vez en 33 años de vida política, los partidos de oposición —es decir, Libertad y Refundación (Libre), Partido Liberal (PL) y Partido Anti-Corrupción (PAC)— constituyen la mayoría en el Congreso Nacional. Es una nueva mayoría de 77 diputados que representan el 62% de los miembros de la cámara legislativa.

Esta nueva mayoría representa la voluntad del pueblo expresada en las urnas. Ese es el mandato popular que los dirigentes políticos no pueden ni deben traicionar. El mandato es claro y no deja lugar a dudas: como ningún partido obtuvo la mayoría, la lógica de la gobernabilidad democrática obliga a conformar alianzas.

El objetivo de una alianza de la oposición es "desmontar" la dictadura instaurada en el Congreso Nacional en los últimos años y que ahora quieren trasladar al Ejecutivo. Para impulsar dicha alianza es necesario consensuar una agenda mínima de por lo menos tres puntos: 1) Acuerdo sobre la elección de la nueva Junta Directiva del Congreso Nacional; 2) Consenso para la elaboración del nuevo Reglamento Interior del Poder Legislativo; y 3) Acuerdo sobre nuevos mecanismos y procedimientos de selección y elección de los titulares de las instituciones del Estado, y que es atribución del Congreso Nacional.

Sobre el Reglamento Interior del Congreso Nacional hay decir que se convirtió sorpresivamente en la flamante Ley Orgánica del Poder Legislativo (Decreto 363-2013, de enero 20, 2014) y publicado 48 horas después en el Diario Oficial La Gaceta No. 33,335 de enero 22, 2014. Este singular proceso fue denominado por la prensa nacional como "la hemorragia legislativa" por la rapidez en que el CN aprobó de manera precipitada ocho reformas constitucionales y un promedio de 120 leyes en menos de dos semanas violentando los procedimientos constitucionales. El objetivo fundamental fue fortalecer el proceso de concentración de poder en la Presidencia de la República, en vista de que el partido de gobierno perdió la mayoría en el Poder Legislativo en las elecciones generales de 2013.

LA DICTADURA ES UNA REALIDAD INOCULTABLE.

En teoría, los poderes del Estado "son complementarios e independientes y sin relaciones de subordinación". Sin embargo, en el reciente pasado el Poder Legislativo, y especialmente el presidente de ese poder del Estado, se ha convertido en un dictador, gracias a un Reglamento Interior elaborado en el siglo pasado.

El Legislativo tiene la facultad de elegir a 28 altos funcionarios del Estado de 13 instituciones vitales para la gobernabilidad democrática del país. Estamos frente a una oportunidad excepcional para cambiar una institucionalidad estatal capturada por los poderes fácticos, e instrumentalizada por quienes controlan los partidos políticos, por una institucionalidad más democrática y pluralista en consonancia con los intereses de las mayorías.

Definitivamente, lo que está en juego es demasiado importante e incluso vital para el futuro de Honduras. En tales circunstancias, el partido de gobierno y sus aliados no se cruzarán de brazos y harán lo imposible por seguir controlando al Congreso Nacional, a pesar de que están en minoría. Se debe evitar que JOH continúe dirigiendo de manera absoluta todos los poderes e instituciones del Estado.

La oposición debe construir un nuevo modelo de gestión legislativa donde la organización de la Junta Directiva del Congreso Nacional tenga un mandato de un año con la presidencia rotativa. Esta es la única manera de hacer una voladura controlada de la dictadura.

Asimismo, es necesario alcanzar un acuerdo nacional sobre nuevos mecanismos de selección y elección de los titulares de los órganos contralores, entidades operadoras de justicia y otras instituciones gubernamentales. Es urgente un acuerdo que garantice la elección de hombres y mujeres, independientes, imparciales, honestos y cuyo compromiso sea con Honduras. No podemos seguir con la detestable costumbre de repartir los escombros de un Estado degradado con criterios sectarios o partidistas.

Construir una nueva mayoría es difícil pero no imposible. En la actual coyuntura, el eslabón más débil es el PL, debido a sus contradicciones internas y a la convergencia con su contrincante, el PN, sobre el modelo neoliberal y el capitalismo salvaje, condenado desde Roma por el Papa Francisco.

Para un partido en crisis como el Liberal, el reto más difícil de vencer es la indisciplina de sus diputados y, dejarlos en libertad para que actúen a su leal saber y entender, sería lo peor que pudiera suceder para ese instituto político. El PN ejerce una "atracción fatal" en el PL que podría hacerle un daño irreversible e irreparable. Lo que está claro como el agua, es que una alianza del PL con el PN podría significar "el beso de la muerte" para el otrora glorioso partido "de las milicias eternamente jóvenes". En ese caso, la gobernabilidad democrática de Honduras estaría en grave peligro y deberíamos prepararnos para enfrentar al autoritarismo del siglo XXI.

POLÍTICA Y BIEN COMÚN

(Escrito en 2008)

La búsqueda del Bien Común constituye el eje fundamental de la política en el mundo de hoy. Pero dicho concepto no se encuentra desconectado de otros como ser el deber de obediencia y el derecho de resistencia. De hecho, entre ellos existe un nexo histórico indisoluble y constituyen los núcleos esenciales de la relación política. En nuestro país, la noción de Bien Común adquirió carta de nobleza en 1982 al ser incorporado en el preámbulo de la Constitución.

Según la ley fundamental de Honduras "el fin del Estado es perpetuar el Estado de derecho (...) que asegure una sociedad justa (...) y propicie condiciones para la plena realización del hombre, como persona humana, dentro de la justicia, la libertad, el pluralismo, la democracia representativa y el bien común".

Lo arriba escrito se inspira en la Declaración de los Derechos del Hombre y del Ciudadano de la Asamblea Nacional de Francia de 1793, según la cual "el objeto de toda asociación política —el Estado— es la conservación de los derechos naturales e imprescriptibles del hombre. Esos derechos son la libertad, la propiedad, la seguridad y la resistencia a la opresión".

En esa línea, sigue siendo válida la visión de la democracia de los constructores de la República de 1821, esta es sólo un método para impedir que los conflictos sociales inevitables en toda convivencia se expresen y se resuelvan por medio de la violencia.

El Poder Político o Gobierno tiene su origen en un contrato entre los ciudadanos que conformaron un poder social y se sometieron a él bajo ciertos límites y condiciones. De ahí que los individuos sólo estén obligados a obedecer a una autoridad que concurrieron a formar para garantía de sus intereses. Por ello la Constitución vigente prescribe que "nadie debe obediencia a un gobierno usurpador", es decir a un gobierno nacido de un golpe de Estado. En este caso, la obligación de obediencia se convierte en un deber de desobediencia.

La clave para entender el problema estriba en comprender, que el Poder Político o Gobierno existe para servir a los ciudadanos y quienes ejercen dicho poder, es decir el presidente de la República, funcionarios, empleados públicos, etcétera, quienes están obligados a cumplir y hacer cumplir la Constitución y las leyes; los ciudadanos comunes y corrientes por su parte, estamos obligados a obedecer y respetar a las autoridades. Pero cuando los actos de un gobierno atentan contra las garantías constitucionales, el pueblo tiene derecho de resistir, incluso por la insurrección.

El derecho de resistencia ha sido objeto de preocupación desde hace varios siglos: los revolucionarios franceses de 1793 lo catalogaron como "el más sagrado de los derechos y el más indispensable de los deberes". La Declaración Universal de Derechos Humanos de 1948 considera "esencial que los derechos humanos sean protegidos por un régimen de Derecho, a fin de que el hombre no se vea compelido al supremo recurso de la rebelión contra la tiranía y la opresión".

La Iglesia Católica tampoco ha quedado al margen del debate. El Papa Pablo VI en su Encíclica Populorum Progressio sostiene que la resistencia a la opresión se justifica "en el caso de una tiranía evidente y prolongada que atente gravemente contra los derechos fundamentales de la persona humana y dañe peligrosamente el bien común del país".

Queda claro, entonces, que el Poder es un depósito confiado a los gobernantes —cada cuatro años, en nuestro caso— en provecho del pueblo. Por consiguiente, si los gobernantes obran de una manera contraria al fin para el cual recibieron autoridad, el pueblo retira su confianza, retira el depósito y recobra su soberanía inicial para confiarla a quienes elija —a través de los prescribe partidos políticos— en elecciones libres y honestas.

La política tiene como principio y fin el Bien Común. Este ubica al hombre como centro de la política, porque es el centro de la creación. Como puede advertirse, el Bien Común es la piedra de toque del discurso de la Iglesia Católica y ha sido asumida como propia por muchos formadores de opinión alrededor del mundo.

Conviene recordar que la noción de Bien Común es el eje del pensamiento político cristiano, desde Santo Tomás de Aquino hasta Jacques Maritain. El Concilio Vaticano II lo define así: "El Bien Común abarca el conjunto de aquellas condiciones de la vida social con las cuales los hombres, las familias y las asociaciones pueden lograr con mayor plenitud y facilidad su propia perfección".

El Bien Común es la medida y el límite del derecho de resistencia a la opresión. Nuestro Derecho Constitucional ha circunscrito el derecho de resistencia a la opresión a la posibilidad de recurrir a la insurrección en defensa del orden constitucional y a la desobediencia civil en caso de un gobierno usurpador.

En conclusión, las injusticias que legitiman la resistencia y algunas veces la rebelión no deben ser apreciadas desde la sensibilidad de una conciencia individual muy exigente. Es necesario que ello represente un peligro para el Bien Común, porque este no está hecho solamente de justicia sino también de orden. Desde esa perspectiva, el derecho de resistencia a la opresión es una salvaguarda del Bien Común, es decir, la protección de un orden social conforme a las exigencias humanas.

IV: VIDA POLÍTICA

EL PARTIDO LIBERAL: DISIDENCIAS Y RUPTURAS

(Escrito en 2010)

El Liberal es el partido más antiguo de Honduras (1891) y el que más disidencias y rupturas ha experimentado a lo largo de sus 119 años de historia. De él se desprendieron el Partido Nacional en 1902 y 110 años después el Partido Libertad y Refundación (Libre). El presente artículo intenta explicar las crisis que dieron origen a tales disidencias y rupturas.

El Partido Liberal fue fundado por Policarpo Bonilla Vásquez inspirado en los planteamientos del expresidente Celeo Arias, plasmados en el opúsculo "Mis Ideas". En ese entonces, la capital del país, Tegucigalpa, tenía 12,819 habitantes y la aldea de San Juancito era el centro nervioso del enclave minero.

Primera ruptura. En las elecciones de 1902, se presentaron tres candidatos: el expresidente Marco Aurelio Soto, Juan Ángel Arias (hijo y nieto de expresidentes) y Manuel Bonilla Chirinos, un disidente liberal que había sido vicepresidente de la República (1898-1902) y vicejefe del Partido Liberal. El voto popular favoreció a Manuel Bonilla pero no alcanzó la mayoría requerida por la Constitución. El Congreso Nacional impuso a Arias y ello provocó una guerra civil en la cual "El Negro" Bonilla salió vencedor.

La primera ruptura podría explicarse como consecuencia de las contradicciones del tránsito de una economía de enclave a otra, es decir, del minero al bananero. Dos empresarios estadounidenses encarnan el espíritu de la época: Washington S. Valentine y su hermano George, dueños de la Rosario Mining Co., y Samuel Zemurray, el futuro rey del banano.

Manuel Bonilla fue el caudillo dominante hasta 1913, año de su fallecimiento, y su influencia se proyectó —a través de Francisco Bertrand— hasta 1919. El Partido Nacional se formó a partir de los grupos políticos que apoyaban a Bonilla. "En realidad —escribe el historiador Marcos Carías— nunca hubo constitución formal de dicho partido".

En 1921, los países centroamericanos (divididos y disgregados), conmemoraron la primera centuria de su independencia de España. Las elecciones de 1923 produjeron otra división del Partido Liberal y la consolidación definitiva del Partido Nacional.

En efecto, Arias se presentó por segunda vez como candidato del Partido Liberal, Policarpo Bonilla por el Partido Liberal Constitucionalista y Tiburcio Carías por el Partido Nacional. Se repitió la crisis de 1902; Carías no obtuvo la mayoría absoluta requerida por la Constitución, pero el gobierno de López Gutiérrez se convirtió en dictadura y todo degeneró en una sangrienta guerra civil.

En 1929, la crisis de Wall Street favoreció la fusión de las compañías bananeras y la consolidación de la United Fruit Company. Durante la prolongada dictadura de Carías Andino (1933-1949) del Partido Nacional, la oposición liberal y comunista fue duramente reprimida y perseguida y, de hecho, funcionó un régimen de partido único.

Después de la huelga general de 1954, en el Partido Liberal se intensificó la lucha entre tradicionalistas y renovadores. Estos últimos, encabezados por Ramón Villeda Morales, se convirtieron en los intérpretes de las demandas de cambio social planteadas durante la huelga de los trabajadores de las compañías bananeras. Una disidencia de sectores de derecha del Partido Liberal se produjo en el marco de la Guerra Fría y en esos años se incorporó el anticomunismo como pieza fundamental del discurso político.

En 1962, el empresario liberal Roque J. Rivera, se opuso a la adopción del Código del Trabajo y denunció la infiltración comunista en el Partido Liberal y en el gobierno de Honduras. Ese mismo año, fue expulsado y seguidamente fundó el Partido Republicano Ortodoxo (PRO). Rivera en 1971 y el PRO cesó sus actividades.

Desde el golpe de Estado de 1963 hasta 1980, el PL estuvo alejado del poder y en una lucha casi permanente entre tradicionalistas y renovadores. En 1966, el Consejo Central Ejecutivo encabezado por Carlos Roberto Reina ubicó al Partido Liberal la Izquierda Democrática Latinoamericana, situación que aumentó la tensión pero se mantuvo la unidad.

La segunda ruptura. La crisis global del capitalismo del 2007, "el malestar de la globalización" y el fracaso del modelo neoliberal podrían explicar las causas estructurales de la segunda ruptura del Partido Liberal. Otra causa que podría ser es el carácter rural, el bajo nivel cultural y educativo de la élite política y su incapacidad para resolver los conflictos sociopolíticos en un marco democrático.

La ruptura del 2009 tiene un inequívoco carácter ideológico, izquierdas versus derechas, conservatismo versus progresismo, socialismo versus capitalismo, entre otras. Para concluir, se puede afirmar que el golpe de Estado del año 2009 marca el inicio de una reconfiguración del sistema de partidos en el país y el comienzo de un bipartidismo de nuevo tipo.

LA DIFERENCIACIÓN IDEOLÓGICA DE LOS PARTIDOS POLÍTICOS HONDUREÑOS

(Escrito en 2011)

Cuando la administración Zelaya Rosales (2006-2009), llegaba al primer año, el reconocido columnista Juan Ramón Martínez publicó un sesudo artículo titulado "La diferenciación ideológica en los partidos políticos hondureños" (Diario La Tribuna, 28 de enero de 2007).

Coincidimos casi en la totalidad de su contenido y la importancia del mismo reside en su capacidad de prever y advertir lo que ocurriría siete años después en el país, aunque se quedó corto en dimensionar la magnitud del desastre. Lo ocurrido en los procesos electorales del 2009 y 2013 ha sido un verdadero tsunami político, solo comparable en sus efectos al huracán Mitch de 1998. El presente artículo tiene la pretensión de actualizar el trabajo de Martínez.

La esencia del escrito en mención es en un esquema bipartidista perfecto, es decir, que la suma del 90% de los votos o más precisa para su existencia de un elemento que los diferencie entre sí (elemento diferenciador) y de un partido bisagra (la Democracia Cristiana) para garantizar la gobernabilidad. Si el elemento diferenciador desaparece, uno de los grandes partidos (el Partido Liberal) tiende a declinar y podría hasta desaparecer.

Pues bien, Villeda Morales del Partido Liberal impulsó como elemento diferenciador frente al Partido Nacional en la campaña electoral de 1954 la divisa de "la reconquista de la libertad por el pueblo, el Estado de Derecho, la cuestión del cambio social, la movilización popular y la intervención del Gobierno en la creación de mejores condiciones de vida para las mayorías".

Sin embargo, "en los años 80 (del siglo anterior) se inaugura un extraño e inoportuno proceso de una cercanía ideológica —casi identidad— entre liberales y nacionales que nunca se había visto, sino antes de 1919... En un sistema bipartidista el dinamismo y el equilibrio se pierden cuando uno de los partidos no cumple su función".

"Los partidos han vuelto a ser mecanismos de protección de caudillismos disimulados de algunas figuras o para proteger los intereses de los grupos económicos que, desde 1990 para acá, han sustituido a los sectores populares como base partidaria en ambos institutos políticos".

"Lo más grave es que el Partido Liberal y el Partido Nacional ya no tienen forma alguna de diferenciarse porque los dos partidos no manejan posiciones antagónicas ni exhiben diferencias sustanciales. Como esta situación es peligrosa hay que esperar que en el cercano plazo surjan del interior de estos partidos, movimientos destinados a su personalización —el Melismo y ulteriormente LIBRE— por medio del establecimiento de minutas ideológicas diferenciadas, de modo que los electores puedan, de verdad, escoger entre dos o más opciones distintas y diferenciadas".

Martínez se quedó corto en no haber previsto la aparición del Partido Anti Corrupción (PAC) de Salvador Nasralla, en el país más corrupto de Centroamérica, y el colapso electoral de la DC, PINU, UD Y FAPER. Del Partido Alianza Patriótica ni hablemos.

El golpe de Estado del 28 de junio de 2009 se convirtió en el parteaguas de nuestra historia reciente, en un antes y un después. Nada volverá a ser como antes. El "putch" fue un acontecimiento desencadenante de una nueva dinámica política en el país, marcó el inicio de un proceso de reconfiguración del sistema de partidos y la estructuración de un bipartidismo de nuevo tipo.

ALGO MÁS SOBRE LA DIFERENCIACIÓN IDEOLÓGICA DE LOS PARTIDOS POLÍTICOS HONDUREÑOS

(Escrito en 2011)

Luego de que Diario La Tribuna publicó la opinión anterior, varios lectores nos solicitaron que proporcionásemos más información sobre una de las conclusiones del artículo de Juan Ramón Martínez porque "parece que nos acercamos otra vez a la situación que prevalecía en el escenario político de 1918: la no existencia de partidos políticos reales, diferenciados en posturas éticas y con visiones de mediano y largo plazo".

¿Qué ocurrió entre 1912 y 1919 en la vida política hondureña? ¿Por qué la inestable Honduras vivió sin montoneras y experimentó un periodo de paz y de progreso? ¿Qué causas provocaron la quiebra de esa paz?

En primer lugar, la muerte del presidente de la República, el general Manuel Bonilla en 1913, facilitó el trabajo de su sucesor Francisco Bertrand, de unir las dos facciones políticas —las paralelas históricas— existentes en el país e inaugurar un período de paz y estabilidad. Recordemos que el finado Manuel Bonilla fue enemigo político irreconciliable de los expresidentes liberales Policarpo Bonilla y Juan Ángel Arias. La nueva coyuntura creó las condiciones para que los enconos y los odios quedaran soterrados hasta el estallido de la guerra civil de 1919.

Bertrand y el arte de conciliar. Durante los sucesivos gobiernos de Bertrand prácticamente desaparecieron los partidos Nacional y Liberal y se fundieron en uno solo: el Partido Republicano. Fue una especie de partido único.

El historiador Marvin Barahona nos explica detalladamente en un interesante artículo publicado en 1995, titulado "Caudillismo y política en Honduras (1894-1913)", cómo funcionaban los partidos políticos: los caudillos que dominaron la escena política "convirtieron a los partidos en una estructura fugaz, coyuntural y endeble". Barahona también describe cómo interactuaban los niveles del poder: el político y el político-militar. En el primer nivel, intervenían los llamados "clubes políticos", que se organizaban para promover la imagen de los candidatos presidenciales. En el segundo nivel, el más importante, se encontraban "las Comandancias de

Armas y las Gobernaciones Políticas que dominaban el ámbito local, departamental y regional".

Hacia 1915, los planes reeleccionistas de Bertrand iban viento en popa y los líderes más destacados del liberalismo, Policarpo Bonilla y Juan Ángel Arias, se plegaron al proyecto continuista. El propio Policarpo Bonilla suscribió una opinión o dictamen favorable a su reelección. El pacto funcionaba tan bien, que el Partido Liberal no participó en las elecciones de 1911 y de 1915. Los hondureños fueron convocados a elecciones de autoridades supremas para el periodo 1920-1924. Bertrand, hasta entonces un político conciliador, se convirtió, de pronto, en un adicto al poder e intentó continuar ejerciéndolo por medio de su pariente político, Nazario Soriano. La luna de miel llegó a su fin y el partido de gobierno, el Republicano, se dividió en tres facciones; el Partido Nacional Republicano (oficialista), el Partido Nacional Democrático dirigido por Alberto Membreño y el Partido Constitucional Democrático (liberal) encabezado por Rafael López Gutiérrez.

Durante la campaña electoral, las fuerzas gubernamentales desataron una dura represión contra la oposición. La represión empujó a Rafael López Gutiérrez, candidato de los liberales y gobernador político de la capital, a levantarse en armas. En el occidente del país estalló otra "revolución más", dirigida por los comandantes de armas Gregorio Ferrera y Vicente Tosta Carrasco.

El espectro de la guerra civil asomaba en el horizonte. El extravagante Thomas Sambola Jones, ministro plenipotenciario de los EEUU (de octubre 2, 1918 a octubre 17, 1919), aprovechó la coyuntura y maniobró para obligar a Bertrand a renunciar. El presidente depositó el poder en el Consejo de Ministros y dirigió un manifiesto al pueblo donde se leía "que no pudiendo contrarrestar fuerzas en extremo superiores, para un país débil, mejor se retiraba del Poder, cediendo a la insólita pretensión de un poder extraño, al que no reconocía derecho alguno de intervención en los asuntos privativos de un pueblo dueño de sus destinos". Sambola Jones pagó caro su injerencia en los asuntos internos y en enero 1 de 1920, en un hecho sin precedentes en la historia nacional, tuvo que abandonar el país al ser declarado "persona non grata" por el gobierno de Honduras.

Reflexiones finales. El origen de muchos de nuestros males se encuentra en el irrespeto a la ley. La frecuente adicción al poder de quienes lo ejercen a todos los niveles (Presidentes, Diputados y Alcaldes). Los partidos Nacional y Liberal continúan celebrando pactos o acuerdos para mantenerse en el poder, tal como lo hicieron en el pasado, por afinidad ideológica e identidad de propósitos.

LA INAPLAZABLE DEMOCRATIZACIÓN DE LOS PARTIDOS POLÍTICOS

(Escrito en 2001)

La construcción y la consolidación de una democracia constituyen un todo único e indivisible. No puede existir un Estado democrático en el seno de una sociedad autoritaria. Consecuentemente, los partidos políticos no pueden ni deben permanecer al margen de los procesos de democratización sin riesgo de convertirse en piedras de tropiezo de los mismos. En otras palabras, los partidos políticos no deben estar a la defensiva o marchar a la retaguardia, sino que deben ser la vanguardia en la lucha por la profundización y perfeccionamiento de la democracia.

No olvidemos que el partido político es una institución de Derecho Público que desempeña el papel de socializador político y cumple una función de intermediación social entre el Estado y los ciudadanos. Dicha institución se encuentra en un punto intermedio entre el Estado y la sociedad civil. Se encuentra acaballado entre lo público y lo privado.

Nuestros partidos políticos se mantuvieron en un estado de hibernación durante los gobiernos militares, y muchos los minimizaron y vieron en ellos "cascarones vacíos". Pero desde que el país retornó al camino de la democracia han jugado un papel decisivo en la construcción de la misma. De esta forma, regresaron a la escena política en 1980, con todas sus "grandezas y miserias". Hasta el momento, dicho sea de paso, no se ha valorado el esfuerzo visionario de algunos ciudadanos como Edmond L. Bográn (1930-1989) quienes lograron institucionalizar las elecciones internas y primarias; años más tarde se estableció el voto separado y el voto domiciliario. Sin duda, todo ello constituye un avance notable pero aún quedó mucho por hacer.

Han transcurrido 20 años y actualmente es un imperativo democratizar la organización y funcionamiento de nuestros partidos, en caso contrario, estarían condenados a desaparecer. La esencia del problema se encuentra en que los partidos corren el riesgo de ser suplantados gradualmente por las organizaciones de la sociedad civil o barridos por los denominados "outsiders".

Nuestros partidos han producido déficits en por lo menos tres campos, nos comentó el costarricense Rodolfo Cerdas en el seminario-taller "Democracia, Procesos Políticos y Campaña Electoral" celebrado en Tegucigalpa; el divorcio entre lo que se dice y lo que se hace, produjo el primer déficit; anclados en la tendencia natural e instintiva las dirigencias partidarias recurrieron a métodos de trabajo y de organización que en el pasado les había dado buenos resultados. El segundo déficit fue moral. Si el incumplimiento de las promesas era grave, más lo fue el surgimiento reiterado de escándalos de corrupción que acabaron por teñir el rostro de todos los actores políticos. El tercer déficit es más grave todavía: el problema de la creciente falta de confianza y de credibilidad ciudadana en contra de los líderes políticos. Más claro no canta un gallo: nuestros partidos se democratizan o desaparecen. La democratización interna es una vía para superar esos déficits indicados. En este asunto no hay medias tintas.

Como consecuencia de lo anterior, los partidos políticos son objeto de un doble cuestionamiento: desde el ámbito interno, los grupos renovadores y progresistas (como el Moprel que dirige Olvin Rodríguez en el Partido Liberal) exigen mayores niveles de democratización, y desde el ámbito externo, importantes sectores de la sociedad civil —como el Frente Cívico para la Transformación de Honduras que encabeza la ANDI— cuestionan la representatividad real de los partidos. Dicha coalición de organizaciones de la sociedad civil resalta el creciente abstencionismo electoral que en los últimos procesos electorales se ha incrementado notablemente (1985: 16%.1989: 24%. 1993: 35%).

En fin, no podemos desconocer la presencia de los denominados "outsiders", que han pulverizado muchos sistemas de partidos en América Latina, (como es el caso de Ramón Custodio López del Movimiento PUEBLOH) e incluso al interior de los partidos tradicionales (como por ejemplo, Tito Livio Sierra, el coronel Mario Amaya y Werner Schweinfurth Pinel, entre otros) y su futuro depende no tanto de lo que hagan ellos mismos sino de lo que harán los partidos del sistema de cara a las profundas mutaciones que experimentan nuestras sociedades.

Desafortunadamente la mayoría de nuestros partidos, especialmente los tradicionales, se han convertido en conglomerados de clanes político-empresariales, donde los lazos de sangre y lealtad personal han sustituido los principios doctrinarios e ideológicos. Más parecen sociedades anónimas con normas rigurosas de Derecho Mercantil, donde los dueños de las corrientes se reparten fríamente el poder en función del número de acciones. Ellos deciden, a su libre albedrío, quienes serán las autoridades del partido y los candidatos de elección popular; es más, están facultados legalmente para sustituir a estos, hasta 48 horas antes de la elección general, si así conviene a sus intereses. Esos son los anacronismos e incongruencias de nuestra democracia. Esos son los "bolsones autoritarios" cuya liquidación es un imperativo de nuestro tiempo.

De esa suerte, los partidos se han convertido "en algo más que maquinarias (o aplanadoras) electorales y en algo menos que un partido político moderno" que experimentan procesos esos crecientes de desideologización y mercantilización. Va de suyo, que los sectores económicamente poderosos son los únicos que participan en la compra/venta de candidaturas a cargos de elección popular y el papel de la base de los partidos queda circunscrito a ratificar las decisiones tomadas en su nombre. Así las cosas, la realidad parece darle la razón a quienes sostienen que la política, en muchos de nuestros países, "no es la escogencia entre el bien y el mal sino la elección entre lo malo y lo peor".

Pero no soñemos despiertos, la profundización de la democratización interna de los partidos políticos no producirá per se una democracia acabada. Es probable que sea solo un paso en el camino correcto. Después de todo, hay que tener presente la denominada "ley de hierro de la oligarquía" enunciada por Roberto Michels en 1911: "Los partidos nacidos de la instauración de la democracia política, concebidos como instrumentos privilegiados de su desarrollo, animados, en principio, de un espíritu francamente democrático, devienen ineluctablemente, inclusive los más democráticos en organismos oligárquicos".

En conclusión, se puede decir que sin partidos políticos democráticos no se puede construir una sociedad democrática y, menos reconstruir el país. La democratización interna de los partidos políticos es parte del proceso de democratización nacional. Queda claro, entonces, que la sobrevivencia de los partidos está en función de crear una relación de nuevo tipo entre el Estado, los partidos políticos y la sociedad civil, que garantice una plena participación de los ciudadanos en los asuntos públicos.

EL PODER Y EL DELIRIO: DE MANUEL BONILLA A HUGO CHÁVEZ

(Escrito en 2013)

Honduras experimentó en pequeño lo que actualmente experimenta Venezuela en grande, con el fallecimiento de un presidente en funciones. En efecto, un 21 de marzo de 1913, murió el general Manuel Bonilla Chirinos, presidente de la República de Honduras. Cien años después, el 5 de marzo de 2013 fallece el comandante Hugo Rafael Chávez Frías, presidente de la República Bolivariana de Venezuela.

Este escrito tiene un doble propósito: destacar que la conducta de los seres humanos frente a la desaparición física de un líder o caudillo —en todos los tiempos y lugares— básicamente es la misma; y, en segundo lugar, debatir sobre la fecha de fundación del Partido Nacional —a la luz de diferentes obras históricas y crónicas de la época— y evidenciar la naturaleza oligárquica del bipartidismo hondureño.

Como sabemos, las honras fúnebres de los presidentes de la República son ceremonias de Estado que siguen un riguroso protocolo. En todos los países se observa la misma liturgia, ritos y códigos. Los líderes desaparecidos no son mortales comunes y corrientes, son criaturas del realismo mágico que lograron establecer una indescifrable conexión emocional con el pueblo. Son amados u odiados hasta el delirio. Con el tiempo, se convierten en verdaderos mitos tejidos en las zonas más insondables del imaginario colectivo.

Salatiel Rosales, un intelectual olanchano, escribió en 1914: "Cuando a Manuel Bonilla (se le contempla con ojos desapasionados, adquiere una talla colosal, casi de gigante. Como militar y como estratega, bien puede compararse con el General José de San Martín. En ciertos puntos, nuestro legendario héroe nacional y el héroe rioplatense, son verdaderos mellizos".

Cuando el pueblo humilde se dio cuenta de la tragedia, percibió "la inmensa desgracia que había caído sobre la Patria", escribió Rosales. Una muchedumbre presa de una emoción indescriptible dio lugar a escenas desgarradoras de dolor y de pesar. El Congreso Nacional decretó "duelo nacional la muerte del Excelentísimo Señor Presidente de la República General Don Manuel Bonilla, y en señal de él estará izado el Pabellón Nacional a media asta en todos los edificios públicos del país durante 30 días y los militares en servicio activo, los funcionarios, empleados públicos de toda categoría y los alumnos de las escuelas y colegios llevarán un listón negro en el brazo durante ese tiempo". Asimismo fue declarado "Benemérito Ciudadano y Protector de la Enseñanza Primaria".

Al general Manuel Bonilla lo sustituyó el Designado a la Presidencia, el médico Francisco Bertrand; los otros Designados fueron José Manuel Zelaya, bisabuelo del expresidente José Manuel Zelaya Rosales y Alberto Membreño. Bertrand Barahona, el principal beneficiario político, terminó su periodo, fue reelecto sin dificultades y se mantuvo en el poder hasta en 1919.

Es importante subrayar que, tanto Manuel Bonilla como Francisco Bertrand, fueron electos como candidatos únicos o de consenso del Partido Republicano, institución que agrupó a los principales líderes liberales "policarpistas" (de Policarpo Bonilla) y "manuelistas" (de Manuel Bonilla) de la Revolución Liberal de 1892. Francisco Bertrand fue el hombre bisagra del bipartidismo oligárquico que logró mantener la paz y congelar las disputas personales por el poder durante casi una década. En rigor, se puede afirmar que tanto el Partido Liberal como el Nacional no tuvieron una existencia orgánica entre 1910 y 1919.

Oficialmente, el fundador del Partido Nacional es el general Manuel Bonilla. Sin embargo, ello no corresponde a la verdad histórica. Las crónicas de la época registran únicamente la intervención en el sepelio de José Jorge Callejas, (tío abuelo del expresidente Rafael Leonardo Callejas) en representación del Club Central Democrático. Para reforzar la idea anterior, "la omisión del nombre del Partido Nacional en las tarjetas de invitación al sepelio y en los discursos —escribió el historiador Ramón Oquelí— vuelve endeble la afirmación que Bonilla fue el fundador de dicho partido, aunque sus partidarios se llamaban 'manuelistas' y 'nacionalistas´".

"En realidad —dice el historiador Marcos Carías Zapata— nunca hubo constitución formal de dicho partido".

La historia enseña que algunos líderes son insustituibles y las coyunturas irrepetibles. La gran interrogante es saber si sus ejecutorias trascenderán más allá de la muerte, si dejan un legado o serán un ejemplo a seguir por las generaciones venideras. Mi conclusión personal es que lo que perdura son las instituciones, las normas y costumbres que crearon o contribuyeron a crear. La historia no debe falsificarse y, consecuentemente, debemos rechazar cualquier manipulación de la historia con fines políticos sectarios.

EL BESO DE LA MUERTE

(Escrito en 2014)

El pasado 24 de noviembre, Honduras experimentó "una pequeña revolución": puso fin a la hegemonía bipartidista que durante 120 años controló la vida sociopolítica del país. Este acontecimiento marcará, sin duda, el futuro de la nación. En esta ocasión, nos referiremos a la nueva correlación de fuerzas en el Congreso Nacional (2014- 2018), a sus impactos y consecuencias en la Señales de buena salud democrática gobernabilidad democrática.

Por primera vez en muchos años, tenemos la oportunidad de estructurar un Congreso Nacional independiente, que garantice el equilibrio y separación de poderes, y posibilitará recuperar la decencia ciudadana, envilecida por el dinero y la compra de conciencias.

Resulta doloroso constatar que Honduras es un Estado degradado y una democracia de fachada, que sufre una dictadura parlamentaria. Esta democracia de fachada convirtió a la elite dirigente del Congreso Nacional en el poder real y rompió el equilibrio y la separación de poderes indispensables en una democracia auténtica.

La situación se tornaría peligrosa, cuando Juan Orlando Hernández, desde el Ejecutivo quisiera seguir controlando los tres poderes del Estado: que una sola persona o un partido tenga un férreo control del poder político es retroceder al siglo XIX. Es la quiebra total de la democracia.

La ciudadanía honrada no puede permitir la concentración de poder en una sola persona. Significaría la quiebra total de la democracia. Seríamos responsables de una regresión política imperdonable que las generaciones venideras jamás olvidarían.

Naturalmente, el Partido Nacional no podría ejecutar esta oscura maniobra en solitario. No tiene la fuerza requerida. Por ello, se esfuerza en seducir a su tradicional adversario: el Partido Liberal. El problema radica en que la alianza del Partido Liberal con el conservador Partido Nacional lo conduce irremediablemente por la ruta de la muerte. Darle continuidad a esa alianza podría significar el beso de la muerte para el otrora glorioso partido "de las milicias eternamente jóvenes".

El Partido Liberal necesita reinventarse y debe formar —sin complejos de ninguna naturaleza— una alianza parlamentaria de oposición con LIBRE y el PAC. Sus retos y desafíos son de vida o muerte, dado que: o se convierte en el partido bisagra del Partido Nacional, para defender intereses mezquinos y sectarios; o se suma a la nueva mayoría, producto de la voluntad popular expresada en las urnas. No hay término medio.

El Artículo 5 de la Constitución manda la formación de gobiernos de integración nacional y es el fundamento del nuevo paradigma. La primera tarea de la nueva mayoría en el Congreso Nacional será derogar el anacrónico Reglamento Interno que data del siglo anterior y, cuya aplicación distorsionada convirtió al Presidente de ese poder en un verdadero dictador. Un nuevo Reglamento Interno, moderno y respetuoso de la letra y el espíritu de la Constitución, es una necesidad impostergable.

Lo que está en juego es la nueva institucionalidad del Estado que comenzará a estructurarse a partir del 2014. En efecto, el Congreso Nacional elegirá a los integrantes del Tribunal Supremo Electoral,

Tribunal Superior de Cuentas, Ministerio Público, Corte Suprema de Justicia, Procurador General de la República, Comisionado Nacional de los Derechos Humanos, entre otros. No nos equivoquemos, Honduras vive tiempos de cambio y reconciliación, de acuerdos y consensos, pero también tiempos de lucha y de coraje.

TRAICIÓN AL AMANECER

(Escrito en 2013)

La elección amañada de las máximas autoridades del Ministerio Público realizada por el Congreso Nacional en la madrugada del primer día de septiembre de 2013, es un acto de traición al amanecer, que se parece, al menos en el nombre, con el título en español de la película "Tequila Sunrise" (en inglés) del director Robert Towne y los famosos actores Mel Gibson, Michelle Pfeiffer y Kurt Russell entre otros. Sí, es un acto de traición y deslealtad de once diputados liberales —entre propietarios y suplentes— contra su propio partido y contra su candidato presidencial, Mauricio Villeda Bermúdez.

La elección espuria de los nuevos funcionarios (un magistrado de la Corte Suprema de Justicia y el Secretario de Estado de Recursos Naturales y Ambiente) no es una buena noticia para los partidos de la oposición y menos para la mayoría de los hondureños. También es un mensaje que genera desconfianza e incertidumbre en la comunidad internacional, copatrocinadora del recién firmado "Compromiso de Garantías Mínimas para la Ética y Transparencia Electoral".

Para el partido de gobierno y sus aliados, la elección de los nuevos funcionarios del Ministerio Público, debe ser por cinco años y no por el resto del periodo actual, es decir, hasta marzo de 2014. Los partidos de la oposición y las organizaciones de la sociedad civil en cambio, sostienen que la elección debió realizarla el próximo Congreso Nacional (2014-2018), ya que así lo manda la Constitución y la propia Ley del Ministerio Público. Sin embargo, las posibilidades de que prosperen los múltiples recursos de inconstitucionalidad interpuestos son casi nulas, porque la Corte Suprema de Justicia fue miembro de la Junta Proponente y, por ende, juez y parte en el asunto.

Es evidente que en la recta final del actual gobierno, se están sembrando vientos para cosechar tempestades de impredecibles consecuencias. La delicadísima situación del Ministerio Público y del sistema de seguridad, sumada a la inminente bancarrota financiera, anuncia una crisis de gobernabilidad más profunda que la experimentada en el 2009. Lo que está en juego es el futuro de Honduras.

El jaque mate. Lo más sorprendente y preocupante para el Partido Liberal es que cuatro diputados propietarios de importantes departamentos por su volumen electoral (Cortés, Comayagua, Olancho y Choluteca) y siete diputados suplentes de los principales líderes de varios departamentos (Francisco Morazán, Olancho, Santa Bárbara, Atlántida, La Paz e Intibucá) desobedecieron los mandatos de las autoridades de su organización política, poniendo en mal predicado la disciplina parlamentaria. La magia del poder aumentó milagrosamente el número de votos favorables para el partido de gobierno. Todo ello es deplorable porque afecta el nivel de confianza de los ciudadanos en el sistema político y pone al descubierto los altos niveles de descomposición moral y ética de algunos diputados.

El Reglamento Interior del Congreso Nacional. La elección del Fiscal General de la República y del Adjunto ha puesto de manifiesto nuevamente el carácter primitivo de los mecanismos de funcionamiento del Poder Legislativo, cuyo reglamento es un conjunto de reglas difusas que datan de la primera mitad del siglo XX, siendo su característica central la concentración de poder en la persona del Diputado Presidente. Es un reglamento que huele a dictadura, cambiarlo es una necesidad impostergable para fortalecer una democracia participativa y pluralista.

La cohesión y disciplina partidaria. La elección del Fiscal General y del Adjunto prueban que el Partido Nacional es la organización más cohesionada y disciplinada en sus cúpulas. El Partido Liberal es el menos y el más afectado por la crisis del 2009. Los partidos denominados emergentes (PINU, DC y UD) tampoco escaparon a los efectos de la crisis. Para los observadores del acontecer nacional, las grandes preguntas son: ¿Existirían los nuevos partidos (LIBRE, PAC, Alianza Patriótica) si no se hubiera producido el golpe de Estado del 2009? ¿Fue un error histórico de las élites tradicionales haber favorecido dicho golpe de Estado?

LA IGLESIA CATÓLICA Y LOS PROCESOS ELECTORALES

La exhortación pastoral de la Conferencia Episcopal de Honduras con motivo de las próximas elecciones, es un documento que merece ser analizado cuidadosamente y es digno de un seguimiento apropiado. Para los académicos que estudian la política desde una perspectiva científica, el documento aporta ideas, instrumentos y propuestas valiosas para elevar el nivel del debate político actual. En primer término, la Iglesia llama a recuperar "el auténtico sentido de la política, que es la búsqueda del bien común. Es lamentable —sigue diciendo— que la conquista del poder se vuelva un fin en sí mismo". Reconoce que la clase política experimenta una crisis de credibilidad y representatividad en muchas latitudes, pero estima que "la política es el arte de buscar y ejercer el poder en beneficio de los demás". En realidad, dicha actividad no es per se, ni limpia ni sucia, pero "es nuestro derecho y deber rescatar la política de las manos que la han ensuciado".

La Iglesia, cuya misión es "formar conciencias y evangelizar la política", insta a sus fieles a ejercer el sufragio de manera consciente, porque considera que la mayoría de los hondureños votan de manera inconsciente. Esto es así, porque existe un bajo nivel de conciencia política de la mayoría del pueblo y la única manera de superar tal situación es a través de una campaña de educación política.

La iglesia aparece como una voz que clama en el desierto: votar conscientemente significa "escoger candidatos capaces, honrados y con los mejores planes de gobierno". No todo lo que brilla es oro. ¡Que no nos engañen! "Hay quienes buscan un cargo público para burlar la ley. Otros ven al Estado como un botín repleto de dinero. Con nuestro voto podemos quitarles el poder a los políticos corruptos y elegir personas honestas y capaces".

Dicha campaña —que se encuentra en plena ejecución en el país— propone darle al ciudadano elementos "que le ayuden a evaluar a los diferentes candidatos y programas, desenmascarando las prácticas viciadas que pervierten el sentido de la democracia y abusan de la buena fe de la gente".

Se trata —sigue diciendo el documento— de cambiar una cultura política "basada en la herencia partidista generalmente transmitida en el seno de la familia, que se fundamenta en muchos casos en situaciones de confrontación que afectaron a las generaciones anteriores, con una dimensión afectiva muy fuerte por una cultura política fundada en la conciencia personal".

Evidentemente, la iglesia respeta la legítima autonomía del orden temporal y no tiene ningún modelo específico de régimen político. "Por eso, no favorece a un partido político en particular y, en consecuencia, ningún candidato la representa por sí mismo y ningún programa político agota el contenido de su mensaje".

No obstante, la instauración de la democracia en el continente y su funcionamiento sigue siendo "más formal que real" y la convivencia democrática se ha venido deteriorando. Resulta una contradicción que en muchos países, muchos gobiernos sean elegidos por el pueblo pero gobiernan en contra de él. En consideración a ello, la iglesia estimula la transformación de nuestra democracia representativa en una democracia más participativa, donde las organizaciones populares puedan influir en la definición de las políticas y el control de las actuaciones de los gobiernos.

Incontestablemente, durante décadas la iglesia ha iluminado y acompañado a los países de América Latina en la búsqueda y configuración de un Estado de derecho y ha animado al pueblo para que sea protagonista real de los procesos sociales por medio de la participación amplia y responsable. En muchos aspectos, la iglesia se encuentra más avanzada que los mismos partidos políticos, en las rutas a seguir para profundizar la participación ciudadana en la construcción democrática, y apuesta de manera resuelta a los procesos de descentralización y municipalización para darle más contenido y alcance a la democracia local.

En definitiva, el compromiso social y político de los cristianos es la forma de asumir el servicio y la responsabilidad de todos con la sociedad. Su participación activa es indispensable a fin de evitar la reproducción de los defectos de los sistemas políticos tradicionales.

En conclusión, los cristianos no pueden sustraerse de contribuir a la elaboración de proyectos históricos conforme a las necesidades de cada momento y de cada cultura. Se trata, pues, de proyectos históricos donde prevalezcan valores tales como la participación, el respeto a la dignidad de la persona humana y el diálogo. En fin, la Iglesia Católica invita a los hombres y mujeres de Honduras "a soñar una Patria en la que todos vivamos según la dignidad sagrada de hijos de Dios y a trabajar para que los sueños del corazón se hagan realidad".

HONDURAS 1912: ENTRE EL PROTECTORADO Y LA REPÚBLICA BANANERA

(Escrito en 2012)

Hace exactamente un siglo, Honduras se debatía entre pasar al dominio de la banca internacional o de Samuel Zemurray. El país se enfrentaba a una encrucijada donde chocaron los intereses mineros, representados por Washington Valentine, dueño de la Rosario Mining Company y las agresivas compañías bananeras que operaban en la costa norte del país. En ese momento histórico, Honduras tenía dos opciones: aceptar un protectorado de facto de los Estados Unidos de América o convertirse en una "banana republic", Para bien o para mal, ocurrió lo segundo.

El contexto. En 1907 los países centroamericanos firmaron un "Tratado General de Paz y Amistad" a instancias de los EEUU y México, quienes actuaron como garantes del acuerdo. Corrían los tiempos de la "diplomacia del dólar", que en realidad era la tapadera para defender a cualquier precio y sin escrúpulos los intereses de los inversionistas de ese país.

El origen del problema. La denominada "deuda inglesa" fue el origen del problema. En efecto, para 1911 el proyecto del ferrocarril interoceánico financiado por los banqueros ingleses era un fracaso y Honduras tenía una deuda externa de 110 millones de dólares entre capital e intereses. En ese contexto, en 1909 el Concejo de Tenedores de Bonos Extranjeros de Londres propuso a Honduras un contrato de reembolso de la deuda en el cual se preveía una hipoteca sobre la parte construida del ferrocarril nacional y sobre los muelles marítimos que estaban controlados por los norteamericanos.

En ese preciso momento entraron al juego los banqueros de Wall Street por medio de J. P. Morgan & Co., quien otorgaría un préstamo a Honduras para pagarles a los ingleses, con la condición de que la operación fuera avalada por el gobierno de los Estados Unidos. Honduras aceptó la propuesta e instruyó a su representante en Washington, Juan Paredes, para que firmara sin tardanza la "Convención Paredes Knox", apellido del Secretario de Estado de la época, Philander C. Knox.

En su parte medular la convención estipulaba que —en el Artículo 11— el empréstito será garantizado con las rentas aduaneras de Honduras y el gobierno de Honduras se obliga a no alterar los derechos de importación o exportación sin consultar con el gobierno de los Estados Unidos".

"El gobierno de Honduras —Artículo IV— nombrará de una lista que será presentada por el agente fiscal del empréstito y aprobada por el presidente de los Estados Unidos, un administrador general de aduanas que administrará las aduanas en conformidad con el contrato. El gobierno de los EEUU proporcionará la protección que juzgue necesaria".

Era de esperarse que las compañías bananeras se opusieran a la ratificación por parte del Congreso Nacional de la Convención Paredes Knox, porque afectaba directamente sus intereses. En el nuevo esquema, el ferrocarril continuaría siendo manejado por la Rosario Mining Company y las aduanas controladas por los banqueros de J. P. Morgan. Tanto el Congreso norteamericano como el hondureño desaprobaron la convención, para evitar que Honduras se convirtiera en un protectorado de facto de los EEUU, como el que fue impuesto antes a la República Dominicana. En resumen, "Honduras había escapado al poder de los banqueros, pero se había entregado a las compañías bananeras".

Las consecuencias. La oposición de la mayoría del pueblo hondureño a la ratificación de la Convención Paredes-Knox ha sido analizada por Marvin Barahona en su libro "La hegemonía de los Estados Unidos en Honduras (1907-1932)". La perspectiva de convertir a Centroamérica en un protectorado de los EEUU generó una ola de protestas sin precedentes en la región. El nacionalismo era la fuente ideológica que alimentaba el espíritu antiimperialista de los intelectuales hondureños de la época. El descontento popular se canalizó a través de una organización denominada "Liga de la Defensa Nacional Centroamericana" organizada en Tegucigalpa el primero de agosto de 1913.

Honduras pagó hasta el último centavo por una obra que nunca se terminó. La tristemente célebre "deuda inglesa" se terminó de pagar hasta 1953, a costa de grandes sacrificios de los contribuyentes hondureños, que aún soñamos con la construcción del ferrocarril interoceánico. Honduras se convirtió en el arquetipo de la "banana republic" y Samuel Zemurray —el rey del banano— en el hombre con más influencia política, hasta su retiro en 1951. En el 2012, la situación 134 del país es igual o peor que hace cien años: la deuda pública (externa e interna) bordea los 130,000 millones de lempiras el 35% del PIB —y el 64% de la población vive en la pobreza.

El presidente de la República debe explicarle al pueblo hondureño el porqué del escandaloso aumento de la deuda pública y es necesario que comparta con nosotros sus planes para enfrentar la crisis —sin precedentes— que padecemos.

ÉTICA Y BUEN GOBIERNO

(Escrito en 2007)

La ética es la teoría de la conducta humana desde la perspectiva moral. Esta rama de la filosofía intenta disciplinar el comportamiento del hombre para que busque el bien y la virtud. Dicho esto, conviene hacer una distinción entre la ética y la moral. La ética es el conjunto de valores comunitarios aceptados como buenos por una sociedad en un momento histórico determinado. La moral en cambio, es un valor personal, es algo íntimo, es la concepción individual del bien y del mal. En fin, dice Ortega y Gasset "es la exactitud aplicada a la valoración ética de las acciones".

La ética es la teoría del fin al que deben dirigirse los actos humanos y los fines para alcanzarlos. De hecho, la regla de oro de la ética es una ley divina, eterna e inmutable: "no es licito hacer el mal para lograr el bien". En el campo de la ética no existe ni puede existir una desconexión entre los medios y los fines. Los bue- nos fines solo pueden ser logrados usando medios adecuados. A propósito, Aldous Huxley afirma que "el fin no puede justificar los medios, por la clara y sencilla razón de que los medios empleados determinan la naturaleza de los fines obtenidos".

La política entendida como la actividad humana que ordena la convivencia social y soluciona los conflictos que amenazan la existencia del grupo, tiene una dimensión ética. Entonces existe una ética del poder político, es decir, del gobierno. De ahí proviene la clasificación muy de moda en la actualidad del buen y del mal gobierno. En el primero, su ejercicio es orientado por la ética. En el segundo, hay ausencia de ella. "No sé de dónde ha surgido el criterio, por desgracia muy extendido —dice el expresidente ecuatoriano Rodrigo Borja— de que la actividad política está exenta o debe estarlo, de limitaciones éticas. El divorcio entre la ética y la política ha causado mucho daño a las sociedades. Si hay acción humana que, por su trascendencia social, debe estar rigurosamente sometida a la ética, esa es la política".

La ética y el buen gobierno han estado en el centro de las preocupaciones de los espíritus más esclarecidos del país. En los albores del proceso de independencia, don José Cecilio del Valle era del criterio que el buen gobierno debería tener una "sabiduría previsora", que podría ser traducida en la actualidad como planificación y una "sabiduría activa" conformada por funcionarios especializados en la ciencia del gobierno. Termina diciendo que "ni leyes sabias sin funcionarios activos, ni funcionarios activos sin leyes sabias. Es preciso que unos tracen el plan y otros los ejecuten". En el mismo sentido, Ramón Rosa, décadas después, insistía que "el gobierno es una ciencia y la administración una experiencia científica".

Por su parte, Alfonso Guillén Zelaya en 1926 escribió que "energía, inteligencia y honradez son las condiciones primordiales de todo buen gobierno. Tales condiciones deben ser de aplicación simultánea; ellas constituyen un triángulo equilátero como símbolo de la felicidad nacional. Los pueblos deben exigirlos en aquellos que han de ser sus gobernantes, estos no deben descuidarlos en quienes han de ser sus funcionarios".

Las preocupaciones antes expresadas tuvieron alguna resonancia en las administraciones progresistas de Gálvez Durón y Villeda

Morales, pero fue hasta la década de los noventa del siglo anterior que el concepto de buen gobierno debidamente reformulado cobró vigencia. El concepto moderno de buen gobierno se funda en los principios de eficiencia, transparencia y honradez. Su preocupación fundamental es la búsqueda del bien común. En definitiva —dice Edelberto Torres Rivas— "el buen gobierno busca vincular permanentemente las libertades políticas con las políticas de equidad social. Sin esfuerzos por la justicia social, no hay buen gobierno".

El buen gobierno supone algo más que un cuerpo de leyes modernas y actualizadas. Se requiere además, mecanismos e incentivos adicionales, como los códigos de ética que nos recuerdan que esta no es ajena a la actividad política, sino condición necesaria de buen gobierno. Evidentemente, que la degradación ética de una sociedad resulta inconcebible sin la complicidad de la misma sociedad, aterrorizada y acorralada por minorías hipócritas, corruptas y violentas.

El Papa Juan Pablo II en su encíclica "El esplendor de la Verdad" nos advierte de un riesgo no menos grave, cual es, "la alianza entre la democracia y el relativismo ético, que quita a la convivencia civil cualquier punto seguro de referencia moral, despojándola radicalmente del reconocimiento de la verdad".

¿Por dónde comenzar la inmensa tarea de reconstruir el vínculo entre ética y política? Se requiere, dice el expresidente argentino Raúl Alfonsín, "de una ciudadanía educada, crítica, vigilante e informada, que emprenda una gigantesca reforma cultural que instale un respeto general por las normas de convivencia, que garantice los derechos civiles, que generalice la tolerancia y resguarde las libertades públicas".

¿Qué hemos hecho y qué nos queda por hacer para avanzar en la ruta de la reconciliación de la ética y la política? En primer lugar, nuestro país aprobó en el año 2005 la Convención de las Naciones Unidas contra la Corrupción (Decreto 9-2005); en segundo lugar, se creó el Consejo Nacional Anticorrupción (CNA) en mayo de 2005 y, finalmente, el Congreso Nacional promulgó el Código de Ética del Servidor Público (Decreto 36-2007). Dicho código contiene dos figuras claves para la promoción del buen gobierno; el concepto de conflicto de intereses y el combate al nepotismo, es decir, se establece la prohibición de designar parientes para que presten servicios en la institución directamente a su cargo. Desafortunadamente, buena parte de funcionarios públicos violentan la normativa establecida y otros, sencillamente, la desconocen.

La reconciliación entre la ética y el ejercicio cotidiano de la política es indispensable para la sostenibilidad de la democracia. El día en que la ética informe a la política y a la economía quizás nuestros pueblos encuentren la felicidad y la prosperidad que buscan desde hace varios siglos.

V. DERECHOS HUMANOS Y JUSTICIA

JUSTICIA TARDÍA NO ES JUSTICIA

Franz Kafka (1883-1924) en su obra "El Proceso2 hizo una clasificación del estado de los juicios criminales que se ventilan en los tribunales. "Existen —dijo el célebre escritor checo— tres posibilidades: la absolución real (sentencia absolutoria), la absolución aparente (libertad provisional y bajo fianza), y la moratoria indefinida (juicios indefinidamente paralizados)". Esta clasificación, que corresponde históricamente al siglo XIX, sigue vigente, en países como el nuestro, en el umbral del siglo XXI.

En la absolución real, quizá lo decisivo sea la inocencia del acusado. Después de todo, en las democracias consolidadas o en vías de consolidación, la presunción de inocencia es la columna vertebral del Estado de derecho. Esa es la condición para que un día incierto e indeterminado, el acusado pueda obtener una absolución real. Pero hay que advertir, que uno de los riesgos que corre una persona inocente es abandonarse a su inocencia y confiar solo en ella.

De esta suerte, una persona inocente acusada en un tribunal se convierte en sospechosa de ser o no ser inocente, incluso puede ser privada del más preciado de sus bienes —su libertad— si el juez que conoce de la causa considera que hay indicios racionales de culpabilidad o tiene la convicción provisional de culpabilidad del acusado. Aunque en las democracias la libertad sea la regla y la privación de ella la excepción, en nuestro país existen disposiciones bárbaras e inútiles, que facultan discrecionalmente a los jueces para encarcelar a las personas por simples sospechas. En revancha, no están autorizados para excarcelar a quienes encarcelan; en efecto, para ello es necesaria la confirmación del tribunal inmediato superior.

Es de conocimiento general, que los juicios criminales tienen dos etapas: la sumaria y la plenaria. En la primera etapa, el juez instructor recibe informaciones, se reciben declaraciones testificales y hace inspecciones con el objeto comprobar la existencia del delito y de descubrir a sus autores o participes. Para ello tiene un plazo a término improrrogable de treinta días y de manera excepcional, noventa. Pero la ley es letra muerta, porque la mayoría de los juicios permanecen en sumario varios años. La estrategia, dicen los verdugos, es mantener el juicio indefinidamente en sumario. En fin, en el mundo kafkiano de la justicia el tiempo no existe.

Mientras tanto, en el lapso que transcurre entre la acusación y la absolución o la condena, la persona se encuentra en una situación indefinida: nadie sabe a ciencia cierta, si es inocente o culpable. En estos casos, "el núcleo indestructible de la dignidad humana" —como la llama el profesor Stephen P. Marks— es vulnerada y diezmada por quienes están encargados de protegerla y defenderla. En esas condiciones, la absolución real es casi imposible. De ahí que, les quede la posibilidad de la absolución aparente a quienes tienen suerte y dinero.

La absolución aparente es, por su naturaleza, frágil y vulnerable. No prejuzga la inocencia o culpabilidad del acusado, solo se le concede "el privilegio" de defenderse en libertad. El ciudadano que vive en libertad provisional entra en el mundo de la angustia perpetua y vive bajo el signo de la incertidumbre. Esta segunda categoría reclama un esfuerzo enérgico y momentáneo: el objetivo es que el acusado recobre la libertad perdida mediante la revocación o modificación del "auto de prisión".

Es tan importante la absolución aparente, que la reputación e imagen de los abogados se mide por su capacidad de lograr la excarcelación del acusado. "Es irrefutable —dice Kafka— que en las gentes despierte más emoción la absolución aparente que la absolución real". Esto es así, porque con la absolución aparente se recobra la libertad, pero de manera provisional. Aunque la diferencia entre la una y la otra, es la que existe entre cielo y el infierno.

De otro lado, a nivel de prensa, la absolución aparente llena las primeras planas. En cambio, la absolución real pierde actualidad, porque se trata de un hecho lejano y diverso que muy pocos recuerdan.

La moratoria ilimitada o mora judicial son las causas indefinidamente paralizadas, son los denominados juicios engavetados en gavetas inexistentes. Este género de situación judicial la sufren en mayor medida personas miserables y analfabetas —descamisados o cuellos mugrosos— que se encuentran presas o detenidas, de manera también indefinida y cuya vida en prisión no se diferencia mucho de su vida en libertad.

La existencia de más de 10,000 presos (casi el 90% de la población penitenciaria nacional) con sus juicios paralizados indefinidamente es uno de los retos más grandes que enfrenta la actual administración y en específico el Poder Judicial. Hasta el momento, los gemidos y los gritos de los presos sin condena no se escuchan más allá de las honduras de los infiernos donde sobreviven.

Frente a esa dolorosa realidad, muchos hondureños nos interrogamos: ¿Qué hacen el Comisionado de los Derechos Humanos, el Ministerio Público, los partidos políticos humanistas y la izquierda burguesa y bohemia —la gauche caviar— para evitar la violación masiva y reiterada de los derechos humanos de los presos? ¿Qué hacer para que la igualdad de los ciudadanos frente a la ley, no sea una garantía ilusoria? Como decía el maestro Alejandro Rivera Hernández.

ESPLENDOR Y MISERIA DE LOS DERECHOS HUMANOS EN HONDURAS

En fecha reciente, el Congreso Nacional ha ratificado varios instrumentos de protección de los Derechos Humanos como el Pacto Internacional de Derechos Civiles y Políticos de la ONU y la Convención Interamericana sobre Desaparición Forzada de Personas de la OEA. El Poder Ejecutivo, por su parte, creó una Comisión Interinstitucional de Alto Nivel (Decreto Ejecutivo PCM 007-97 de mayo 19, 1997) que tendrá como finalidad participar en las negociaciones y actuaciones que deban realizarse dentro del procedimiento de solución amistosa en los casos pendientes por denuncias ante la Comisión Interamericana de Derechos Humanos (CIDH), relacionadas con las desapariciones forzadas acaecidas desde 1981 hasta 1989.

El Pacto Internacional de Derechos Civiles y Políticos de la ONU es un instrumento de vocación universal, firmado en New York el 16 de diciembre de 1966 y entró en vigor el 23 de mayo de 1976. Nuestro país firmó dicha Convención en la fecha indicada, pero su ratificación se realizó casi 20 años después mediante la emisión del Decreto 64-95 del 18 de abril de 1995.

La Convención Interamericana sobre Desaparición Forzada de Personas fue suscrita en la ciudad de Belem do Pará, Brasil, el 9 de junio de 1994 y fue ratificada por el Congreso Nacional mediante Decreto 110-96 de julio 30 de 1996. Ambos tratados pasaron a formar parte de nuestra legislación interna, una vez efectuado el depósito de los instrumentos de ratificación, lo que expresa la voluntad política del Estado de respetarlos y protegerlos.

La aplicación de los referidos convenios internacionales le corresponde fundamentalmente al Poder Judicial, al Ministerio Público, al Comisionado Nacional de los Derechos Humanos y a la institución policial. En ese sentido, debe promoverse la educación en derechos humanos, en la escuela primaria, en la secundaria y en las universidades. Pero lo más urgente es la formación profesional de los encargados de su aplicación, para que internalicen sus valores y normas al momento de impartir justicia. En suma, construir una cultura de respeto a los derechos humanos es un imperativo de nuestro país.

La creación de la Comisión Interinstitucional de Alto Nivel que representará al Estado hondureño en las negociaciones para alcanzar una solución amistosa, vale decir extrajudicial, de los casos de desapariciones forzadas de personas en los años 80, constituye una medida correcta —pero incompleta— para resolver de manera definitiva el drama de los desaparecidos.

Partiendo de la premisa que la amnistía es, técnicamente, una abrogación temporal de la ley penal que extingue el delito, la acción penal y la pena, pero que deja subsistente la responsabilidad civil, es jurídicamente obligatorio que el Estado hondureño restituya, repare los daños morales y materiales e indemnice perjuicios, mediante un resarcimiento compensatorio a todos los familiares de los desaparecidos y demás víctimas de la guerra fría. Dicha indemnización puede ser fijada prudencialmente por el juez o tribunal, o a través de una instancia de reconciliación creada especialmente al efecto, tal como lo propuso la Iglesia Católica en su oportunidad. En ese orden, deben adoptarse medidas concretas para resolver los casos pendientes, en el marco de la legislación interna.

Es útil recordar que la admisibilidad de una queja o denuncia por violación de cualquiera de los derechos consagrados en la Convención Americana sobre Derechos Humanos, está condicionada a que se hayan interpuesto y agotado los recursos de jurisdicción interna y que sea presentada dentro del plazo de seis meses, a partir de la fecha en que el presunto lesionado en sus derechos haya sido notificado de la decisión definitiva.

De esta forma, se pretende lograr una solución amistosa en los 14 expedientes que han sido admitidos en el seno de la Comisión y determinar las indemnizaciones compensatorias a los familiares de los desaparecidos. Se trata pues, de evitar un largo y costoso juicio en la Corte Interamericana de Derechos Humanos, tal como ocurrió con los casos Velásquez Rodríguez y Godínez Cruz.

Así las cosas , el esplendor de los derechos humanos en Honduras, lo constituye la incorporación de los convenios de la ONU y de la OEA a nuestra legislación interna, y una de sus muchas miserias, la violación de los derechos esenciales de 8,104 reos (el 92% de la población penitenciaria) sin condena y de los 1,460 condenados que sobreviven en condiciones inhumanas o degradantes, víctimas de un sistema penal oprobioso y perverso, que primero encarcela y después investiga.

Los gobernantes deben de tener siempre presente que la persona humana es el fin supremo de la sociedad y del Estado. De ahí que el Indulto General solicitado, la reforma a la Ley del Reo sin Condena, la reforma del régimen de fianzas y cauciones, entre otras, son tareas urgentes de acometer antes de que sea demasiado tarde.

EL INDULTO

(Escrito en 1997)

El indulto es una facultad o atribución del presidente de la República, consignada en la Constitución, que debe ser otorgado observando las formalidades de la Ley de Indultos y Conmutas vigente. En su esencia, el indulto permite la condonación o remisión de la pena que un delincuente merecía por su delito. En ese sentido, hay que tener presente las sabias palabras de don Joaquín Escriche sobre la utilidad del indulto como instrumento del Buen Gobierno: "Si la inflexibilidad de las leyes es una garantía contra la arbitrariedad de los jueces, la conciencia del jefe supremo del Estado es una garantía contra la inflexibilidad de las leyes".

Cuando en su momento Carlos Roberto Reina (1994-1998) visitó la antigua Penitenciaría Central, durante un torneo electoral anterior, en compañía de su amigo don Bernardo Aguilera, adquirió el compromiso de otorgar un indulto en caso de ganar las elecciones. Es oportuno recordar que, en Honduras no se concede indulto desde la época de la Asamblea Nacional Constituyente de 1980; sin embargo, se han aprobado varias leyes de amnistía.

En 17 años de construcción de la democracia hemos avanzado en algunos campos, pero hemos retrocedido en otros. En las cárceles, por ejemplo, el hacinamiento es espantoso y en ellas sobreviven miles de compatriotas en inhumanas y degradantes condiciones. Esa deplorable situación ha generado dos movimientos: uno de carácter reivindicativo en las principales cárceles del país en pro del indulto; y otro, de carácter violento, que ha culminado con el amotinamiento e incendio de varios centros penales. En el primero, los interesados han mostrado capacidad propositiva; en el segundo, es una reacción violenta a una situación insoportable. En ambos casos, la capacidad del Estado para resolver las demandas sociales y políticas está en juego. La forma de resolverlas pondrá en evidencia el grado de desarrollo de la gobernabilidad democrática.

Pero, hay que decirlo con toda claridad: el otorgamiento del indulto en términos tradicionales y conservadores no resolverá el problema de la violación de los derechos humanos de los presos, ni le pondrá fin a la crisis penitenciaria. En efecto, un indulto en esos términos solo sería aplicable a los reos que han recibido sentencia condenatoria y en los 24 centros de detención, según un informe oficial de la Defensa Pública, solo hay 1,460 condenados de los 9,567 detenidos. De esta forma, Honduras ostenta una vergonzosa tasa de morosidad judicial del 90%, que nos ubica en los últimos lugares del continente.

El problema fundamental de la crisis penitenciaria se encuentra en el incumplimiento de las leyes, de por sí "perversas y oprobiosas" según lo ha admitido el propio Fiscal General de la República, por parte de los jueces y en la mentalidad represiva de buena parte de los fiscales del Ministerio Público. Existen centenares de juicios incoados desde hace años que se encuentran inexplicablemente en la etapa del sumario, es decir indefinidamente paralizados, cuando la ley penal ordena una duración máxima de 30 días para la etapa sumarial, en abierta violación al Derecho a la Libertad Personal, que reza: "Toda persona detenida o retenida tendrá derecho a ser juzgada dentro de un plazo razonable o ser puesta en libertad, sin perjuicio que continúe su proceso".

En esa dirección, el Ministerio de Gobernación y Justicia, con una clara visión de futuro para superar esa situación aberrante, propuso la emisión de la Ley del Reo sin Condena (Decreto 127-96). Desafortunadamente, el esfuerzo del Ejecutivo y del Congreso Nacional ha sido malogrado por la mentalidad represiva de los fiscales del Ministerio Público, quienes se oponen, y se siguen oponiendo, a la aplicación del mencionado Decreto, y el resultado es fatal, sigue diciendo el Informe de la Defensa Pública: De los 8,107 reos sin condena apenas 327 se han beneficiado del derecho de ser juzgados en libertad.

En un Estado de derecho la libertad es la regla y la privación de ella, la excepción. En un Estado de derecho todo ciudadano es inocente, mientras no se establezca legalmente su culpabilidad. Mantener indefinidamente a más de 8,000 personas en las cárceles del país constituye una violación masiva, repetida y reiterada de sus derechos esenciales, por parte de un gobierno que tiene la pretensión de ser respetuoso de los mismos. No es posible que la justicia penal de nuestro país siga en el escalofriante universo kafkiano de las sentencias absolutorias aparentes (libertad provisional indefinida) y de juicios indefinidamente paralizados "por exceso de trabajo de los tribunales".

Es inadmisible que en una democracia los jueces primero encarcelen y luego investiguen. Es inaceptable que los jueces puedan encarcelar por simples sospechas, y que luego no puedan excarcelar, sin el visto bueno de la Corte de Apelaciones. La regla general debería ser que la mayoría de los delitos sean susceptibles de fianza o caución, respetando la letra y el espíritu del Artículo 93 de la Constitución.

No es moral ni ético que un Estado democrático mantenga en la cárcel a personas, generalmente pobres y miserables, cumpliendo penas que no han sido impuestas por un juez o tribunal. En conclusión: (1) Es imperativo que el Poder Ejecutivo emita un Decreto Ejecutivo de Indulto General que incluya a los 8,000 reos sin sentencia, inspirado en el modelo del Decreto 11 de la Asamblea Nacional Constituyente de septiembre 4, 1980. (2) Que el Congreso Nacional apruebe en este año el nuevo Código Procesal Penal, y; (3) Que se reúna la Comisión Ad-hoc de Alto Nivel para diseñar, en un plazo razonable, nuevas políticas penitenciarias y de rehabilitación del delincuente a largo plazo.

HONDURAS, ¿EL PAÍS MÁS VIOLENTO DEL MUNDO?

(Escrito en 2012)

La Oficina de las Naciones Unidas contra la Droga y el Delito (UNODC, por sus siglas en inglés de United Nations Office on Drugs and Crime) afirma en el "Estudio Global sobre Homicidios" que Honduras es el país más violento del mundo con una tasa de homicidios de 82.1 por cada 100,000 habitantes, seguido por su vecino El Salvador con 66 y el africano Costa de Marfil con un 56.9 por ciento. El documento agrega que el Triángulo Norte de Centroamérica, es decir, Honduras, El Salvador y Guatemala, es una de las regiones más peligrosas y violentas del mundo.

Por su parte, el informe sobre el "Estado de la Región en el Desarrollo Humano Sostenible" de 2011, elaborado por una prestigiosa red de instituciones de investigación, sostiene que "las brechas sociales y la exclusión social así como la ola de criminalidad y el narcotráfico que afectan Centroamérica, pueden llevar al colapso a los Estados de la región y podrían convertirse en Estados degradados o fallidos".

¿Cuáles son las causas del alarmante aumento de la violencia en este país centroamericano? Las causas fundamentales del aumento de la violencia, en nuestro criterio, son: (1) El desarrollo de las maras o pandillas. (2) La expansión del narcotráfico y; (3) La impunidad de la clase política y de los grupos fácticos. A los males citados se suman la pobreza, la exclusión social y la corrupción, todo lo cual configura una situación peligrosa, volátil e inestable, que amenaza la gobernabilidad democrática del país.

Un informe bipartidista del Senado de los EEUU denominado "Crisis de Seguridad en Centroamérica", publicado recientemente, confirma esta tesis y asegura que en nuestra región "la impunidad es la ley". El documento concluye diciendo que los delitos cometidos por los narcotraficantes quedan impunes porque los jueces, fiscales y policías han sido corrompidos o temen por sus vidas.

Conviene precisar que el fin de la violencia política en Centroamérica fue el resultado de una solución política negociada, pero que dejó intactas las causas profundas que originaron las sangrientas guerras civiles y que años después estalló nuevamente en forma de violencia criminal. Además, la desmovilización de miles de combatientes y su inserción fallida en la sociedad allanó el camino de la narcoactividad. Sin embargo, este flagelo solo vino a ser el catalizador de un proceso acelerado de desintegración social y de descomposición institucional de las "democracias de fachada" y del Estado clientelar y prebendario.

La aplicación ortodoxa de políticas neoliberales de los años noventa dejaron Estados débiles y desarticulados, con élites dotadas de una mentalidad premoderna con baja capacidad para alcanzar acuerdos, y con una frágil y precaria. institucionalidad con dificultades para procesar demandas y resolver conflictos dentro de parámetros democráticos, tal como quedó demostrado con el golpe de Estado del 2009.

El fracaso de las políticas de "Mano Dura" y de "Cero Tolerancia", ha tenido como efecto una convergencia perversa entre las pandillas juveniles o maras y los carteles de la droga. Se ha producido además, una especie de división social del trabajo: las maras tienen el control de muchos barrios de las ciudades donde campea el narcomenudeo, la extorsión —o impuesto de guerra—, el secuestro y el sicariato; y los carteles de la droga, por su parte, han neutralizado o infiltrado algunas estructuras estatales y mantienen una guerra abierta por el dominio de las "narco rutas".

Para salir de la crisis es necesario: (1) Avanzar en el proceso de construcción de una democracia más participativa y deliberativa en la dirección que recomienda el Informe de la Comisión de la Verdad y la Reconciliación. (2) Relanzar el proceso de integración centroamericana como medio para sobrevivir como Estados soberanos en los tiempos de la globalización y; (3) Repensar una política de seguridad regional centrada en la persona humana, que sea el producto de acuerdos y consensos entre países productores, consumidores y afectados directamente por el narcotráfico.

En definitiva, el peligro de que los países de la región se conviertan en Estados fallidos no es una metáfora, es una posibilidad real y para evitarlo se requiere de la cooperación y solidaridad de todos los países del hemisferio. La seguridad de todos está en juego.

HONDURAS: ¿PLATAFORMA DEL TERRORISMO INTERNACIONAL?

Como el Gobierno de la República no emitió un comunicado oficial explicando los hechos y circunstancias que rodearon la entrada ilegal al territorio nacional del ciudadano cubano-americano Luis Clemente Faustino Posada Carriles, la opinión pública nacional e internacional bien puede concluir que nuestro país se ha convertido en una plataforma de operaciones del terrorismo internacional y que las autoridades civiles, policiales y militares no ejercen pleno control del territorio sometido a su jurisdicción.

Los hechos acaecidos en el país durante las últimas semanas de enero 2011 así lo indican. El despliegue informativo sobre la presencia en suelo hondureño de personas de apariencia árabe y con nombres impronunciables, miembros de redes terroristas de Medio Oriente en los cibercafés de las calles de Tegucigalpa, la actividad de capos y traficantes de armas como el hondureño Pedro García Montes, recientemente acribillado en Cartagena, Colombia y Ethalson Mejia, colombiano, prófugo de la justicia hondureña, y ahora la presencia en el territorio nacional de Posada Carriles.

Como se sabe, Posada Carriles y sus cómplices fueron condenados por un tribunal panameño (abril, 2004) a cumplir una pena de ocho años por la tentativa de asesinato en contra de Fidel Castro, presidente de Cuba, en el marco de la X Cumbre Iberoamericana, y la comisión de los delitos de tráfico de armas y falsificación de documentos. Varias organizaciones e instituciones de Panamá interpusieron recursos ante la Corte Suprema de ese país, por considerar que las penas impuestas no eran consecuentes con la gravedad de los delitos cometidos.

¿Quién es Luis Posada Carriles? Es un conocido opositor del gobierno de Fidel Castro y veterano de la invasión de Bahía de Cochinos. Fue condenado por un tribunal venezolano por haber sido encontrado culpable de la destrucción en pleno vuelo de un avión de Cubana de Aviación donde perdieron la vida 73 personas, en un vuelo entre Barbados y La Habana. En 1985, Posadas se fugó de una cárcel venezolana y se estableció en Centroamérica. Ha vivido en la clandestinidad sucesivamente en El Salvador, Guatemala y Honduras. En 1995, su nombre aparece vinculado a la ola de atentados terroristas contra el propio presidente de Honduras de la época, Carlos Roberto Reina.

Después del triunfo del Partido Revolucionario Democrático con Martín Torrijos como nuevo presidente de Panamá, comenzaron a circular versiones según las cuales, Posada Carriles y compañía serían indultados por la presidenta Mireya Moscoso. El gobierno cubano advirtió al panameño que de otorgarse el indulto a los terroristas, de manera automática se produciría la ruptura de relaciones diplomáticas entre ambos países.

¿Qué motivaciones tuvo la presidenta Moscoso para otorgar el indulto? Ella alega que fue por motivos humanitarios; bien, Posada Carriles es un hombre de edad avanzada. La Constitución de Panamá reconoce la prerrogativa presidencial del indulto, pero no es aplicable a las personas condenadas por delitos de terrorismo, tráfico de drogas o lavado de dinero, como es el caso de Posada Carriles. Además, los adversarios del gobierno de Moscoso cuestionan la legalidad de la medida porque transgrede tratados internacionales de lucha contra el terrorismo, de los cuales Panamá es signataria.

En la misma dirección, los diarios "La Jornada" de México, y "El Nuevo Herald" de los Estados Unidos, dan cuenta de la excelente relación de la presidenta Moscoso y el exilio cubano, especialmente con la Fundación Nacional Cubano Americana (FNCA). Ambos diarios dan a entender que el indulto otorgado a los anticastristas es un trueque. Es decir, indulto a los anticastristas a cambio de un permiso de residencia en el estado de Florida a la familia de Mireya Moscoso, una vez que deje el cargo, y de una suma millonaria de dinero entregado a funcionarios panameños, producto de una colecta realizada en Miami.

¿Cómo llegan los anticastristas a Honduras? Estos fueron liberados en la madrugada del jueves 26 de agosto y trasladados bajo fuertes medidas de seguridad desde la cárcel El Renacer al aeropuerto de Tocumen, ubicado en las cercanías de la capital panameña. El plan de vuelo elaborado en Panamá establece como aeropuerto de destino Opa Locka, un aeropuerto ejecutivo ubicado en las cercanías de Miami, con una escala técnica en San Pedro Sula, donde aterrizaron a las 7:30 a.m., cargaron combustible y despegaron nuevamente tres horas después.

Aquí es donde los papeles no comienzan a cuadrar con la realidad y que las autoridades hondureñas están obligadas a explicar. Las autoridades panameñas reportan que la aeronave al despegar de Tocumen lleva cuatro pasajeros pero al aterrizar en San Pedro Sula, los funcionarios de Migración no lo afirman ni lo niegan. Lo que está claro es que únicamente tres pasajeros continúan el vuelo hacia Miami. La versión más creíble la ofrece un funcionario gubernamental a condición de no ser identificado: "Posada Carriles ingresó al país con documentos falsos y se quedó en San Pedro Sula bajo la protección de un reconocido empresario de origen cubano-americano".

Está verificado que el hombre que dirigió el operativo fue el acaudalado empresario cubano-americano Santiago Álvarez, quien fletó dos aeronaves que llegaron a Panamá en la madrugada del mismo día. Una operación de este calado requiere muchos recursos financieros y logísticos y, al menos, la luz verde de los servicios de inteligencia de los países involucrados.

Por ello y para tranquilidad de los gobiernos amigos y vecinos, el gobierno de Honduras tiene la obligación de dar seguridades de que no adoptará una conducta complaciente con prófugos de la justicia o con personas condenadas por delitos de terrorismo, que pongan en riesgo la paz y la seguridad internacional.

De igual manera, nuestro Gobierno debe responder francamente a las preguntas siguientes: ¿Cuántas aeronaves fueron autorizadas a sobrevolar el territorio nacional y aterrizar en el aeropuerto Villeda Morales de San Pedro Sula? ¿Una o dos? ¿Qué tipo de aeronaves son y en qué país están matriculadas? ¿Quiénes eran los tripulantes? ¿Aterrizaron en otro aeropuerto nacional —Palmerola, por ejemplo— antes de hacerlo en San Pedro Sula? ¿Qué dice el informe de las autoridades de Migración del aeropuerto Villeda Morales?

Todas estas informaciones deben consignarse en el comunicado oficial, para no dar lugar a que algunos piensen que Honduras es la posada del terrorismo internacional y que practicamos un discurso antiterrorista de doble carril.

HONDURAS 2012: ENTRE EL CIELO Y EL INFIERNO (Escrito en 2011)

En un Estado degradado como Honduras, las tragedias son casi cotidianas y forman parte de un paisaje gris y de lúgubres atardeceres. En este país de la América Central pareciera que se une el cielo con el infierno. Algunos compatriotas descendientes de los mayas, convertidos al cristianismo, ven en ello signos inequívocos del fin del mundo.

El cielo y el infierno. En efecto, este es el país de la lluvia de peces y colibríes esmeraldas, de playas de arena blanca y arrecifes de coral, de montañas de azul intenso y cristalinas termas. En realidad, se parece al paraíso terrenal. Sin embargo, cuando recordamos que somos uno de los países más violentos del mundo y damos gracias a Dios por darnos un nuevo día de vida, cuando las lágrimas de las víctimas de las frecuentes masacres no terminan de secarse, cuando el baño de sangre es imparable en todos lados —en las cárceles, mercados, calles, caminos y veredas—, Honduras se convierte en un infierno y los hondureños en los condenados de la tierra.

Esto es así, porque Honduras al igual que sus vecinos, son Estados degradados. Es decir, entes inválidos, con incapacidad crónica —como establecimos en los capítulos de El Estado degradado y las Ideas libres sobre la refundación del Estado y también más adelante— de cumplir la función básica de cualquier Estado moderno: preservar la ley y el orden, y darles sentido y previsibilidad a las relaciones sociales en su territorio, por medio de una autoridad central reconocida como eficaz por la población.

Poco importa que nuestros países sean gobernados por presidentes elegidos democráticamente, y que hayan sido en el pasado excomandantes guerrilleros, exgenerales o ex alumnos de las escuelas de cuadros de los desaparecidos partidos comunistas europeos.

Como se sabe, un Estado degradado no controla la totalidad del territorio nacional, sino partes de él; en la práctica otros actores —las maras y el crimen organizado— han logrado arrebatarle el dominio de vastas zonas donde imponen "su ley" y cobran el "impuesto de guerra", su aparato institucional es precario, está desprovisto de recursos debido a una paupérrima recaudación fiscal, es incapaz de proveer servicios a la mayoría de la población y se encuentra ausente en amplios espacios y penetrado por poderes fácticos legales e ilegales.

A pesar de todo, las estampas trágicas de un Estado degradado se suceden día a día y la vida sigue igual. Un sol brillante anuncia el ardiente calor del verano. La gente en las iglesias se prepara para la ceremonia del Miércoles de Ceniza, y otros, siguen a través de la pantalla chica el esplendor del carnaval de Río de Janeiro.

En las iglesias se pide resignación cristiana por los prisioneros muertos en la cárcel de Comayagua —tercer tragedia en una década, con un saldo de 360 muertos— y consuelo para los vendedores ambulantes y pequeños comerciantes del mercado más grande de la capital Tegucigalpa —víctimas de un tercer incendio, con un saldo de 20,000 afectados en Comayagüela—; mientras tanto, otros sobrevivientes indiferentes y nerviosos permanecen en sus casas viendo por la televisión los partidos de futbol.

Sería criminal para el pueblo hondureño que sus gobernantes no aprendieran las lecciones de las tragedias recientes. Es inadmisible e inaceptable que en pleno siglo XXI por culpa o negligencia de jueces, fiscales y policías cínicos y corruptos mueran personas inocentes. La mora judicial es injustificable. Si son incapaces de hacer su trabajo para los cuales les pagamos los contribuyentes, mejor que renuncien de sus cargos.

Por otra parte, da coraje constatar que los pocos recursos financieros que dispone el Estado sean dilapidados de manera obscena en publicidad y propaganda del partido en el poder, en un momento dramático de la administración Lobo Sosa.

Para terminar, sigue siendo válida la expresión del expresidente Kennedy de los EEUU refiriéndose a América Latina: "Los que hacen imposible una revolución pacífica hacen inevitable una revolución violenta". Creo que las élites locales no han caído en la cuenta que su incapacidad de hacer propuestas de futuro y su oposición cerril a los urgentes cambios que la sociedad demanda, los ha convertido en aliados objetivos de los proyectos políticos alternativos que asoman en el horizonte y, son responsables directos de que Honduras sea percibida en el extranjero como "el país de las reformas imposibles".

LA CULTURA DEL ENCIERRO Y LA PRISIÓN PREVENTIVA

En casi dos décadas de construcción de la democracia, los hondureños no hemos logrado erradicar por completo la cultura del encierro, destierro y entierro. Probablemente entremos al siglo XXI sin desterrados, pues los últimos regresaron en 1991 durante el gobierno de Rafael Callejas Romero; ni de enterrados, porque la herida abierta de los desaparecidos y de los asesinatos políticos de la guerra fría, cicatriza lentamente en el marco de las leyes de amnistía. El desafío actual al Estado de derecho, lo constituyen los encerrados, los privados de libertad.

En efecto, en las cárceles y presidios de Honduras se encuentran recluidas más de 10,000 personas, que representan el 91% de la población penitenciaria, jurídicamente considerada inocente, porque no ha sido condenada o absuelta por los juzgados y tribunales de justicia. Esta espantosa realidad es el fruto convulso de una cultura jurídica autoritaria y represiva, y del abuso de la figura de la prisión preventiva que hacen los jueces, magistrados y los fiscales del Ministerio Público.

¿En qué consiste la prisión preventiva? Doctrinariamente, es una institución cuyo fin es asegurar el cumplimiento de la ley penal y sus propósitos son estrictamente procesales. Asimismo, su aplicación reviste un carácter de excepcionalidad, en vista del principio de la inviolabilidad de la libertad personal (Artículo 69 Constitucional) y del principio de la presunción de inocencia (Artículo 89 Constitucional), del cual deriva la prohibición de aplicar una pena antes de que se dicte una sentencia condenatoria firme.

Hay que reconocer que el gobierno anterior promulgó el Decreto del Reo sin Condena (Decreto 127-96) como medida de mitigación a los efectos perversos del sistema y con miras a evitar una posible denuncia en el seno de la Comisión Interamericana de Derechos Humanos pues garantiza que "toda persona detenida o retenida tendrá derecho a ser juzgada dentro de un plazo razonable o ser puesta en libertad, sin perjuicio de que continúe el proceso".

El corazón de la controversia que opone al Fiscal General de la República con el presidente de la Corte Suprema de Justicia, gira en torno a la mora judicial y a la sobrepoblación carcelaria. La lentitud de los jueces —corruptos, incapaces y cobardes, según el Fiscal General— en dictar sentencias y la obsesión de los fiscales del Ministerio Público —prepotentes y soberbios, en opinión del Presidente de la Suprema— por "encarcelar primero e investigar después" constituyen las principales causas de la crisis de impartición de la justicia penal.

Estamos pues, en presencia de un Ministerio Público con la decisión de avanzar, pero sin brújula ni rumbo; creen, equivocadamente, que incoando procesos sin suficientes medios de prueba coadyuvan a la impartición de justicia.

Están convencidos que, con ello, fortalecen el más violento que la infracción Estado de derecho y combaten eficazmente a la delincuencia, la corrupción y la impunidad. En la práctica, ocurre exactamente lo contrario: le crean enormes problemas al mismo Estado como la saturación carcelaria, que estimula las fugas masivas y la quema de presidios; o casos como el de Gustavo Patrick Valle, quien estuvo preso sin ser condenado durante cinco años. ¿Quién o quiénes son los responsables que a Valle no se le haya aplicado el Decreto del Reo sin Condena?

Para ponerle fin a la cultura del encierro y a los abusos de la prisión preventiva, es indispensable la aprobación del nuevo Código Procesal Penal, cuyo anteproyecto fue elaborado por la Corte Suprema de Justicia y remitido al Congreso Nacional en 1995. El anteproyecto mencionado, en lo relativo a la prisión preventiva establece los principios de excepcionalidad y de proporcionalidad, fija en un año su duración y no aplicada a las personas mayores de 60 años, a las mujeres en estado de embarazo, a las madres durante la lactancia de sus hijos o a las personas afectadas por una enfermedad grave incurable o en fase terminal.

En conclusión, como lo afirma la costarricense Cecilia Sánchez Romero, "una política represiva que incluya a la prisión preventiva como solución al pro- blema de la criminalidad, no tiene utilidad práctica alguna". En este caso, "pierde el infractor porque no tiene ningun beneficio ni encuentra razones para modifi- car su conducta, pierde la victima porque no se recupera de su lesión y finalmen- te también pierde la sociedad, porque el conflicto que se le genera llega muchas veces a ser más violento que la infracción".

EN UN PAÍS SIN JUSTICIA, TODOS SOMOS CULPABLES

En las democracias latinoamericanas y caribeñas, la impunidad de los operadores de justicia es un tabú. Pocos se atreven a debatirlo y menos a exigir castigo para los culpables. En nuestras sociedades, es más frecuente y fácil denunciar la impunidad de otros grupos sociales. Pero la justicia debe ser una tarea de todos, porque "un país sin justicia —nos recuerda el profesor Maurice Duverger—, es un país donde todo el mundo es culpable".

Honduras ocupa uno de los primeros lugares de morosidad judicial en el continente. En los umbrales del tercer milenio, ello resulta políticamente inaceptable y éticamente inadmisible que diez mil prisioneros (los más pobres entre los pobres) cumplan penas antes de ser condenados o absueltos, en lugares donde "se mata la inteligencia y se seca el alma".

Si la libertad personal es inviolable, si la persona humana es el fin supremo de la sociedad y del Estado y todos tenemos la obligación de respetarla y protegerla; si toda persona es inocente mientras no se haya declarado su responsabilidad o culpabilidad por juez competente; entonces, ¿Por qué los operadores de justicia primero encarcelan y después investigan? ¿Por qué el silencio o colusión con un sistema "oprobioso y perverso" de parte del Comisionado Nacional de los Derechos Humanos y la gauche (izquierda) caviar? ¿Acaso será porque la defensa de los derechos de los pobres y de los olvidados no es rentable políticamente?

Por morosidad judicial se entiende la tardanza, la lentitud, la inobservancia de los términos judiciales de parte de los operadores de justicia, esto es, de los jueces, magistrados y de los fiscales del Ministerio Público.

En tal sentido, la morosidad judicial es consustancial a la violación de los derechos humanos fundamentales de los ciudadanos, con cuyos impuestos se pagan los salarios de los mencionados servidores públicos.

Es de conocimiento general, que el proceso penal está conformado de dos partes: la sumaria y la plenaria. En la primera, el juez instructor recaba informaciones, recibe declaraciones testificales y hace inspecciones con el objeto de comprobar la existencia del delito y descubrir a sus autores y partícipes.

En ese orden, el Artículo 174 del Código Procesal Penal vigente señala que el juez dispone de un mes para cumplir su cometido. Los términos judiciales en materia penal, por su misma naturaleza son improrrogables, por ello de manera excepcional se pueden prolongar prudencialmente hasta un máximo de tres meses. En caso que el juez instructor no se ajuste a los plazos legales de la tramitación del sumario, dice el Artículo 157 del mismo cuerpo legal, incurrirá en una multa de diez a cien mil lempiras, sin perjuicio de la responsabilidad criminal en que incurra.

En el transcurso de 1995, el Congreso Nacional recibió un Anteproyecto de un nuevo Código Procesal Penal que se inspira en los principios de oralidad, publicidad y transparencia. En consonancia con ello y para atenuar "los efectos nefastos del sistema" vigente, en opinión de la propia Corte Suprema de Justicia de Honduras, se dictó un Auto Acordado (Oficio N° 5566-SCSJ-95) donde reitera "que los jueces instructores deberán dar estricto cumplimiento al Artículo 174 del Código de Procedimientos Penales vigente; en consecuencia, transcurrido un mes a partir de la detención real y efectiva de la persona procesada deberán elevar la causa a plenario bajo la prevención de que si no lo hacen incurrirán en responsabilidad civil y penal por retardar la administración de justicia y, en los juzgados donde existan Jueces Supernumerarios, unos serán instructores y otros jueces de plenario y sentencias".

Pero, dramáticamente la realidad es otra: los encargados de la impartición de justicia son los principales responsables de la injusticia. Los guardianes de velar por el cumplimiento de la ley son los primeros en violarla. En teoría, los sumarios tienen una duración de un mes, pero en la práctica, pueden durar varios meses o varios años. Así las cosas, la impunidad de los jueces, magistrados y de los fiscales del Ministerio Público constituye un eslabón más de las cadenas de la impunidad global que obstaculizan el desarrollo y la construcción de la democracia en Honduras.

Como se puede advertir, el problema de la impunidad de los operadores de justicia no radica en la inexistencia de leyes y reglamentos, sino en la persistencia de una cultura jurídica autoritaria y represiva. Pero no todo es selva, la separación de algunos jueces que sufren una irrefrenable pulsión por la notoriedad, y el nombramiento de profesionales jóvenes, serios y estudiosos, constituye un signo alentador de la nueva Corte Suprema de Justicia.

LA MUERTE CIVIL

Según el Código Civil de nuestro país, existen dos tipos de muerte: la natural y la presunta. La primera resulta del debilitamiento progresivo de todas las funciones vitales y se produce en la senectud; la segunda, es la que declara el juez a petición de parte interesada, una vez que transcurren diez años de la desaparición de una persona de su domicilio habitual o se recibieron las últimas noticias de ella.

La muerte civil, en cambio, es "una antigua situación jurídica de la persona con vida a la que, por efecto de una pena, se le privaba de toda clase de derechos civiles y políticos, y hasta del agua y del fuego en la típica expresión romana". La denominación procede de una Constitución de Federico II de Prusia, en la cual se preceptuó que a los sometidos a tales sanciones se les considerara como muertos, cual "cadáveres vivientes" en la expresión de otros. La muerte civil está abolida actualmente, al menos de nombre, porque su espíritu ronda amenazadoramente a través de la interdicción civil y de la inhabilitación penal.

Históricamente, la muerte civil se aplicó en su forma más ruda a los adversarios políticos que tuvieron la suerte de escapar al pelotón de fusilamiento. En ese sentido, durante el siglo XIX y parte del siglo XX, la mayoría de los jefes de Estado o presidentes de la

República fueron encarcelados, antes o después de ejercer el poder, y no pocos murieron amargados y olvidados en el extranjero.

La larga noche de la intolerancia y la persecución se inicia con Dionisio de Herrera (1781- 1850), primer Jefe de Estado de Honduras, quien durante los primeros enfrentamientos entre liberales y conservadores —unionistas y separatistas— en 1827 fue expulsado del poder y permaneció encarcelado en Guatemala hasta 1829. Herrera, que también fue Jefe de Estado de Nicaragua, pertenecía a la élite criolla y despojado de sus bienes y haciendas, terminó sus días en el destierro trabajando como maestro de educación en El Salvador.

Francisco Ferrera (1794-1851), hombre fuerte de la política hondureña entre 1839 y 1847, fue Jefe de Estado en dos ocasiones. En 1848, siendo Juan Lindo el presidente de la República, Ferrera —el amigo que pesaba más que un enemigo— fue desterrado y falleció en Chalatenango, El Salvador.

Celeo Árias (1835-1890) ha sido uno de los hombres públicos del siglo XIX más coherentes y consecuentes en la defensa de la dignidad e inviolabilidad de la vida humana; no obstante haber sido víctima de ancestrales odios sectarios. Fue presidente de la República entre 1872 y 1874, sufrió el primer destierro en 1859, durante el gobierno de José Santos Guardiola. En 1874, al ser derrocado fue nuevamente encarcelado y el 28 de abril de ese mismo año, el Congreso Nacional emitió un decreto donde ordena su extrañamiento del territorio nacional por cinco años.

Arias López murió en San Isidro, Comayagua, en 1890. Fue el ideólogo del Partido Liberal y encabezó la oposición a los gobiernos de Soto y Bográn.

Otra víctima no menos ilustre de la muerte civil fue Marco Aurelio Soto —el Reformador de Honduras— quien ejerció la presidencia entre 1876 y 1883. Soto se convirtió en titular del Poder Ejecutivo gracias al apoyo del dictador guatemalteco Justo Rufino Barrios, y abandonó el poder por presiones de este. Lo sucedió en el cargo su exministro de Gobernación, Luis Bográn Barahona, y durante su gobierno fue acusado en los tribunales de concusión y dilapidación de caudales nacionales. Años más tarde, Soto fue candidato a la presidencia y murió en el destierro en 1908 en París,

Francia. Bográn Barahona, por su parte, murió a los 46 años, también en el destierro en Guatemala.

En 1890, Policarpo Bonilla Vásquez (1858-1926) asume el control del Partido Liberal; dos años más tarde los líderes de esa agrupación fueron perseguidos y lograron huir a Nicaragua. En ese contexto, Bonilla Vásquez dirigió la Revolución de 1894 y se convirtió en presidente de Honduras merced al apoyo del gobierno de José Santos Zelaya, de Nicaragua. Lo sucedió en el cargo Terencio Sierra, quien ejerció la presidencia hasta 1903 y murió en Granada, Nicaragua, en 1907 donde se encontraba emigrado. Otro expresidente que murió en el exilio fue Juan Ángel Arias Boquín, hijo de Celeo Arias. Arias Boquín ejerció el Poder Ejecutivo en 1903 y fue nuevamente candidato malogrado por un sector del Partido Liberal en las elecciones de 1924.

Durante la agitada vida política de Bonilla Vásquez comenzó a declinar la crónica injerencia de los países vecinos en los asuntos de política interna y se consolida gradualmente la influencia del enclave minero y bananero a través de Washington Valentine y Samuel Zemurray, respectivamente. Para 1903, el expresidente Policarpo Bonilla Vásquez es el jefe de la oposición en el Congreso Nacional al gobierno de su examigo Manuel Bonilla Chirinos, quien fue durante su gobierno vicepresidente de la República y vicejefe del Partido Liberal.

Lo que pudo ser un ejercicio de democracia parlamentaria desembocó en un golpe de Estado. En efecto, el 8 de febrero de 1904, el jefe del Ejecutivo ordenó al norteamericano Lee Christmas, director de la Policía Nacional, que disolviera el Congreso Nacional y apresara al diputado Policarpo Bonilla Vásquez y ocho compañeros más. Ese mismo día, se declaró el Estado de Sitio y meses después un tribunal de guerra condenó a Bonilla Vásquez a diez años de prisión y a Marcos Carias Andino a tres; los restantes fueron absueltos. El 28 de febrero de 1906, el expresidente se benefició de la amnistía otorgada por el Congreso Nacional y salió rumbo al exilio.

Durante la dictadura de Tiburcio Carías Andino (1933-1949) centenares de hondureños fueron forzados a emigrar. Entre los desterrados, no podemos dejar de citar a los líderes liberales José

Ángel Zúñiga Huete —murió en la Ciudad de México en 1954—, a Modesto Rodas Alvarado —fallecido en Choluteca en 1978— y al expresidente Carlos Roberto Reina. De otra parte, Ramón Villeda Morales y Manuel Zelaya Rosales han sido los últimos expresidentes enviados al destierro, a raíz del golpe de Estado de 1963 y 2009, respectivamente.

Hasta bien entrado el siglo XX, los hondureños veíamos como natural que los expresidentes fijaran su residencia en el extranjero para evitar represalias. Tiburcio Carías Andino, el compatriota que más tiempo permaneció en el ejercicio del poder, le puso fin a esa bárbara tradición. Hoy, no estoy convencido que la larga noche de la intolerancia y la persecución sólo sea un recuerdo lejano de un pasado odioso.

LA DEPURACIÓN DEL PODER JUDICIAL

No hay mal que por bien no venga, porque es probable que sin la denuncia hecha por un magistrado de la CSJ en fecha reciente, según la cual, en los juzgados de la ciudad de La Ceiba, jueces y magistrados están coludidos con personas presuntamente ligadas al narcotráfico, no se hubiera planteado la necesidad de depurar el Poder Judicial. Lo que llama la atención en este caso, es que la persona denunciada como principal protagonista del escándalo sea alguien reconocido porque fue magistrado de la Corte Suprema de Justicia (1994-1998) y actual asesor de la Presidencia de ese poder del Estado. Este caso ilustra de manera dramática el talante moral y ético de quienes por razones político-sectarias han tenido la grave responsabilidad de impartir justicia.

La conducta profesional de dichas personas constituye una ofensa a la ciudadanía honrada de Honduras, porque quebranta la Ley de Organización y Atribuciones de los Tribunales y su conducta está reñida con los Códigos de Ética para funcionarios y empleados judiciales y del profesional del Derecho.

El funcionario judicial que por la mañana lleva la toga de juez y por la tarde el sombrero de abogado litigante, provoca un conflicto de intereses y comete delito. Esto es inadmisible e inaceptable en un Estado que tiene la pretensión de estar regido por el Derecho.

Se ha dicho que, cuando los peces pequeños saltan en la superficie del océano es que en el fondo se mueven los tiburones. Esto parece ser particularmente cierto en el caso que comentamos. Las preguntas obligadas son: ¿Cuántas personas corruptas y desvergonzadas se desempeñan en el sistema de justicia de Honduras? ¿Tiene capacidad el Poder Judicial de depurarse a sí mismo? ¿Qué podría hacer al respecto el recién creado Consejo Nacional Anticorrupción?

Como se recordará, el pasado 22 de febrero de 2005, el presidente de la República instaló solemnemente el Consejo Nacional Anticorrupción. El mismo inició dirigido por el cardenal Óscar Andrés Rodríguez y tiene la finalidad de "impulsar acciones concretas hacia la implementación de una estrategia anticorrupción para Honduras". Asimismo, el referido Consejo —que cuenta con el concurso de un Grupo de Apoyo Técnico— tiene como objetivo general "promover la implementación de políticas públicas que establezcan las bases institucionales necesarias para combatir la corrupción en todos los niveles y actividades de la sociedad hondureña".

Aquí es donde se plantea la pertinencia de enchufar el proceso de reforma que experimenta el Poder Judicial con una actividad concreta del Consejo Nacional Anticorrupción: depurar el aparato judicial. El proceso de reforma del Poder Judicial constituye una conquista histórica de la sociedad hondureña, pero los pobres y los excluidos tuvieron que pagar una cuota altísima de injusticia y de dolor. Reducir la reforma a una simple modificación del mecanismo de selección de los magistrados de la Corte Suprema de Justicia sería una verdadera estafa para el pueblo.

Dada la gravedad del escándalo y la urgencia de reparar las faltas, es necesario que el CNA y su Grupo de Apoyo Técnico elaboren un plan para depurar el Poder Judicial, de la misma forma que lo hizo, con buen suceso, la Junta de Traspaso de la Policía a la esfera del poder civil. Es necesario crear, de una parte, un mecanismo de evaluación de los jueces y magistrados que haga posible la erradicación de la corrupción y la venalidad y por la otra, que estimule a los jueces profesionales, imparciales e independientes.

En términos iguales o parecidos se ha pronunciado la Conferencia Episcopal Latinoamericana (Celam) al sostener —en "El Desarrollo de América Latina: Una agenda para el Tercer Milenio" — que "una prioridad de la reforma institucional de nuestros países es el robustecimiento de los sistemas de justicia, hecho exigido por la reforma social y la defensa y protección de los derechos de los más desprotegidos, los pobres y los excluidos. Un sistema de justicia accesible, independiente, ágil y eficiente es una herramienta insustituible en la lucha contra la corrupción".

No se trata de llorar sobre la leche derramada, pero si la corrupción no estuviese tan enraizada en nuestro país, seguramente no sería uno de los más pobres y atrasados de América Latina. De todos es sabido, que existe una relación directa entre corrupción y pobreza. La corrupción es uno de los obstáculos para el desarrollo y bienestar, y los pobres son las principales víctimas de ella porque desvía los pocos recursos para salud, educación y vivienda.

Tenemos que entender y comprender que la corrupción produce efectos devastadores en las economías de nuestros países, porque desestructura el tejido social, nos hace menos competitivos y más vulnerables de cara a la globalización.

Para crear un clima favorable a la inversión un país requiere, entre otras cosas, un sistema de justicia que proporcione seguridad jurídica, seguridad a las personas y a los bienes, y mano de obra calificada. Tienen razón quienes piensan que "ahora que el comunismo ha muerto, el principal enemigo del capitalismo se llama corrupción".

LOS DERECHOS HUMANOS DE LOS TRABAJADORES MIGRANTES

La migración internacional es un fenómeno muy antiguo. Históricamente ha obedecido a causas políticas, económicas o religiosas. Las guerras, la pobreza, el desempleo y la inseguridad han contribuido a desplazar a personas y a grupos fuera de sus fronteras nacionales.

En la actualidad los flujos migratorios son globales y han generado un fenómeno denominado por los especialistas como pull and push, en virtud del cual, de un lado, los EEUU, la Unión

Europea y los países árabes productores de petróleo (Arabia Saudita y los Emiratos del Golfo) ejercen una gran atracción como fuentes de ocupación y de prosperidad y, de otro, las condiciones de atraso y pobreza predominantes en los países del Sur (África, Asia y América Latina) expulsan a sectores marginales de la población.

De esta manera, el 80% de los inmigrantes en los EEUU proviene de América Latina y el Caribe. Se estima que el 10% de la población centroamericana, que equivale a unos cinco millones de personas (de los cuales, un millón son hondureños), viven y trabajan especialmente en ese país. La historia enseña que los trabajadores migratorios han constituido un elemento positivo para la economía del país receptor, y no representan ninguna carga efectiva para este. El principio para entender esa realidad es que ningún inmigrante sobrevive sin un empleo, ni nadie emplea a quien no necesita. Por ejemplo, nuestro país fue antes de 1969, el granero de Centroamérica, en parte gracias a la presencia de los 300,000 pequeños productores agrícolas salvadoreños.

En el caso de los EEUU, el país de inmigrantes por excelencia, los trabajadores migratorios son una pieza fundamental en la agresiva competencia económica global e indispensable para mantener la competitividad de la producción de ese país. Para Alan Greenspan, exsecretario de la Reserva Federal, "el inmigrante es por definición un capitalista porque acepta el riesgo como parte integrante de la vida". Sin embargo, después de los acontecimientos del 9/11 esa visión ha cambiado, y ha estimulado el desarrollo del racismo y la xenofobia.

En muchos países latinoamericanos y caribeños la situación se ha revertido: en pocos años, han pasado, de países de inmigración (importadores de población) a países de emigración (exportadores de población).

En nuestro país, la caída de los precios del café han convertido a las remesas familiares en una de las fuentes de divisas más importantes, solo superada por la maquila. Por ello, la situación jurídica de los trabajadores migratorios es considerada como un asunto de Estado. Una deportación masiva provocaría efectos devastadores en la situación socioeconómica, y además dejarían de percibirse más de 650 millones de dólares por concepto de remesas.

Todo ello explica por qué la protección y defensa de los derechos e intereses de los hondureños en el exterior (especialmente los que trabajan en los EEUU) sea una de las prioridades de la política exterior de Honduras.

La batalla por la extensión del "TPS" debe ser apoyada por todos, pero es sólo una medida de alivio y de corto plazo. Debemos luchar por resolver de manera definitiva la situación jurídica de nuestros trabajadores migratorios en los EEUU, mediante la implementación de acciones como: (1) Realizar campañas de cabildeo en la Cámara de Representantes, Senado, gobierno federal, iglesias, etcétera. Por de pronto, es necesario apoyar la iniciativa denominada Acta de Seguridad para Centroamérica (CASA, siglas en inglés) presentada recientemente en la Cámara de Representantes de los EEUU. (2) Hacer más eficaces las representaciones consulares del país en las tareas de protección de nuestros connacionales en el extranjero. (3) Establecer un Programa de Defensoría de los Hondureños en el Exterior; y; (4) Coadyuvar esfuerzos en los foros multilaterales para impulsar el reconocimiento y respeto de los derechos de los trabajadores, mediante la ratificación de la Convención Internacional sobre la Protección de los Derechos de Todos los Trabajadores Migratorios y de sus Familias, aprobada el 18 de diciembre de 1990 por la Asamblea General de la ONU.

En definitiva, la solución al problema se encuentra en el desarrollo de Honduras, con la creación de oportunidades de trabajo que arraiguen a los hondureños en su tierra, debemos luchar porque en nuestra patria exista ese bienestar que merecen y que buscan en tierras lejanas y extrañas, pero, en tanto existan compatriotas que se vean obligados a emigrar al extranjero debemos adquirir el compromiso porque se les brinde un trato justo y humano en los lugares de trabajo y residencia.

En conclusión, la solución a los problemas de migración de los países del Sur hacia los países del Norte pasa por un ataque a fondo a las causas macroeconómicas que los generan.

De todas formas, en la 'aldea global del mercado global, el peso de las leyes de la oferta y la demanda, de la libre movilización de capitales, de bienes y servicios y la revolución en las comunicaciones van borrando gradualmente las fronteras, muros y barreras que impiden la realización de ciertos principios establecidos en la Declaración Universal de los Derechos Humanos: en cualquier país del planeta, todos los seres humanos nacen libres e iguales en dignidad y derechos (...) que a trabajo igual le corresponde salario igual.

¿TODOS SOMOS IGUALES ANTE LA LEY?

(Escrito en 1997)

El Artículo 60 de la Constitución de la República señala que "todos los hondureños son iguales ante la ley". Pero las fallas estructurales en el sistema de aplicación de justicia y el abuso de los privilegios y prerrogativas de unos pocos, nos sugieren lo contrario. O peor aún, creer que la Constitución es papel mojado.

El concepto de la igualdad de los hombres ante la ley, es una conquista histórica de la humanidad y constituye un legado invaluable de la Revolución Francesa de 1789. En Honduras, este principio fue incorporado en la Constitución de 1831 por pensadores como José Cecilio del Valle, Dionisio de Herrera y Juan Lindo, entre otros.

En una sociedad democrática, la igualdad ante la ley es la regla y los privilegios y prerrogativas son la excepción. Una de esas excepciones es la inmunidad de los miembros del Poder Legislativo, que dicho sea de paso, ha sido laxamente otorgada a varios funcionarios de otros poderes del Estado.

¿Qué significa , en esencia, la igualdad de los hombres ante la ley? Significa ante todo y sobre todo "igualdad en la dignidad humana y en los derechos fundamentales". Asimismo, significa que las leyes no deben establecer desigualdades y diferenciaciones injustas e impertinentes, y equidad procesal. En la actualidad, este principio se encuentra garantizado en los diferentes instrumentos internacionales de protección de los Derechos Humanos.

Algunos tratadistas sostienen que los hombres son, desde el punto de vista de la naturaleza, francamente desiguales y, arguyen que "si los hombres son iguales ante la ley, es porque la ley lo ha establecido". Si bien es cierto que todos los hombres son iguales en dignidad y derechos, ello no significa que sean idénticos, pero la ley es igual para todos.

No obstante que desde tiempos inmemoriales, la desigualdad es uno de los rasgos característicos de toda estructura social, y esta se encuentra en la base de los conflictos políticos y de las injusticias seculares, el orden jurídico debe ser estructurado y actuar al servicio de la igualdad de oportunidades.

En ese sentido, no podemos desconocer que la existencia de más de diez mil personas encarceladas sin haber sido condenadas por Juez o Tribunal competente es una prueba palmaria que no todos los hondureños son iguales ante la ley. Parafraseando al inglés George Orwell, sería licito decir que "todos" los hondureños son iguales, pero unos hondureños son más iguales que otros".

En cuanto al uso y abuso de la inmunidad parlamentaria, resulta grotesco que muchas personas cuestionadas busquen un escaño en el Congreso Nacional para evadir la acción de la justicia. Más grotesco aún resultó el ultraje al honor y el bárbaro encarcelamiento en 1995, pese a gozar de inmunidad, de las licenciadas Rebeca Patricia Santos y Armida López de Mazier, viceministra de Planificación y Directora General de Censos y Estadísticas, respectivamente.

Las víctimas de nuestro sistema procesal penal son las mismas de siempre: los pobres, los miserables, los desaparecidos de los años 80, y los sobrevivientes del "exilio interior" de los 90. Para esos hondureños la Constitución podría ser "pura babosada", como dijo alguien que debemos condenar al olvido.

¿Quiénes son los responsables de esta violación reiterada y sistemática de los Derechos Humanos fundamentales de miles de compatriotas? En primer lugar, algunos jueces ignorantes y sin carácter que se dejaron atemorizar por ciertos fiscales corruptos y prepotentes. Pero, gracias a Dios, la mayoría de estos ya fueron cesados de sus cargos.

Asimismo, conmueve y agita el ánimo de los justos, la actitud del Conadeh porque, siendo su misión velar por el respeto de tales derechos, no hace nada o falta muy poco, por cambiar la suerte de esos desgraciados. Claro está, defender a los "robagallinas" no es rentable ni son noticia.

¿Qué hacer para que los hondureños sean iguales ante la ley? Por de pronto, presionar por la aprobación del Código Procesal Penal por parte del Congreso Nacional, para ponerle fin a la impunidad de algunos jueces y fiscales, responsables directos de la violación de los derechos humanos de los reos sin condena y de las víctimas de la represión política. De esta manera, se podría evitar el espectáculo, nada edificante, de mirar cómo la espada de la justicia no penetra en las mansiones de los "ricos y famosos", pero manda a la cárcel, aún sin orden de captura, a menores delincuentes como el archifamoso "Chele Macarron" y sus compañeros de la ciudad de San Pedro Sula.

DENEGACIÓN Y RETARDO MALICIOSO DE JUSTICIA: NEGOCIO DE POCOS, TRAGEDIA DE MUCHOS

(Escrito en 2002)

La denegación y retardo malicioso de justicia son dos figuras que aparecen juntas en nuestro Código Penal (Artículos 383 y 384), sin embargo son diferentes. La primera es el delito que comete el juez que se niega a fallar en una causa sometida a su competencia, pretextando obscuridad o silencio de la ley. Se trata, en todo caso, de una actitud contraria a los deberes que las leyes procesales imponen a los jueces en cuanto a resoluciones, plazos y trámites.

El retardo malicioso, en cambio, tiene su origen en la excesiva e injustificada tardanza en el pronunciamiento de los jueces y tribunales, pese al requerimiento de las partes y al vencimiento de los términos procesales.

La clave para la existencia del segundo delito es que se actúe con malicia, entendiéndose por ella "cierta solapa y bellaquería con que se hace o se dice una cosa, ocultando la intención con que se procede (...) o calidad que hace a una cosa perjudicial y maligna". Lo difícil en este caso, es que la víctima debe probar en juicio que la tardanza del juez es maliciosa.

Por la comisión de ambos delitos se incurre en multa e inhabilitación especial (prohibición de ejercer el cargo de juez) de uno a cuatro años. Asimismo, estos ilícitos son también aplicables al funcionario o empleado público que, faltando a la obligación de su cargo, dejare maliciosamente de promover la persecución y enjuiciamiento de los delincuentes, siendo la pena una multa e inhabilitación especial de uno a tres años.

El problema en nuestro país es la existencia en la realidad de un sistema procesal "oprobioso y perverso" que "primero encarcela y después investiga" a quien no tiene recursos para pagar a un abogado que lo defienda en juicio. Las leyes proclaman que la libertad personal es inviolable, que la persona humana es el fin supremo de la sociedad —o sea el Estado— y que la presunción de inocencia prohíbe aplicar penas antes de que se dicte una sentencia condenatoria firme. Para muchos eso es pura retórica.

De otra parte, en el ámbito de la protección internacional de los derechos humanos también existen mecanismos procesales que protegen el "núcleo indestructible de la dignidad humana" cuando es diezmada o vulnerada por quienes están obligados a protegerla y defenderla. Por ejemplo, la Convención Americana sobre Derechos Humanos o Pacto de San José establece que "toda persona tendrá derecho a ser juzgada dentro de un plazo razonable o ser puesta en libertad, sin perjuicio que continúe su proceso". En la práctica, hay que pelear duro para que los jueces definan qué es un plazo razonable.

La comisión de los delitos precitados abona el terreno para que germine un fruto convulso denominado mora judicial. Por mora judicial se entiende la dilación en los trámites judiciales, que a veces tiene como consecuencia la pérdida de la facultad procesal de la parte inactiva y la prosecución de las actuaciones sin ella o sin su presencia.

Aquí es donde la mora judicial convierte a la función de impartir justicia en un asunto de dinero o corrupción. Aquí es donde la mora judicial se transforma en un negocio sucio de unos y en la tragedia de muchos. Desafortunadamente en muchos de nuestros países, meter y mantener en la cárcel es una actividad lucrativa y rentable para algunas personas cínicas y desvergonzadas.

Nuestro país, por ejemplo, tiene o tenía una mora judicial de las más altas del continente. De las miles de personas privadas de libertad únicamente un diez por ciento han sido condenadas por los tribunales de la República. Los familiares de los detenidos, en su desesperación, pagan sumas exorbitantes para que los seres queridos recobren su libertad.

Las atrocidades más repugnantes se han producido cuando muchos prisioneros murieron calcinados en los incendios recurrentes en varios centros penales cuando la carta de libertad del reo llegó después de la tragedia.

La mora judicial es también una jugosa fuente de ingresos para algunas personas quienes han sido contratadas como asesores por la CS) para limpiar la mora judicial. Incluso, en su momento, se contó con la ayuda no reembolsable de organismos de cooperación para realizar este trabajo.

Un estudio realizado en 1999 sobre la carga procesal existente en todos los tribunales de la República en materia penal, reveló la existencia de 125.000 procesos penales pendientes de resolución judicial. A esta espantosa realidad, muy propicia a la corrupción y venalidad, se refería un presidente del Congreso Nacional cuando afirmo "que la justicia en nuestro país se vendía por onzas, por libras y por arrobas".

Con el propósito de combatir la mora judicial, el Congreso Nacional promulgó la Ley Especial de Transición y Seguimiento Interinstitucional del Sistema Penal (Decreto 31-2002) que creó la Comisión Interinstitucional de Justicia Penal para darle solución al problema.

Como queda dicho, la impunidad de algunos operadores de justicia constituye un eslabón más de las cadenas de la impunidad global que obstaculiza el desarrollo democrático de Honduras.

La reforma judicial iniciada en el 2002 comenzó a desmontar lentamente esas estructuras represivas y corruptas, mediante la emisión de un nuevo Código Procesal Penal que entró en vigencia en febrero 20 de 2002.

No obstante, los procesos de reforma en marcha y la emisión de nuevas leyes, la mora judicial es una asignatura pendiente. Aunque resulte difícil de creer, todavía se escuchan, en esas instalaciones medievales denominadas presidios, los gemidos y los gritos de los condenados de la tierra, más allá de las honduras de los infiernos donde sobreviven.

LA PENA DE MUERTE: FALACIAS E IMPOSTURAS

Es una falacia sostener que necesitamos reimplantar la pena de muerte vía referéndum para salvar vidas inocentes, porque en los países que se mantiene "no se han visto menos asesinatos que en los países donde la sangre humana no ha manchado la mano de un juez", sostuvo en 1865 el diputado Celeo Arias López (fundador del Partido Liberal) en el recinto legislativo.

Muy al contrario, en los estados de la Unión Americana donde se mantiene la pena capital por homicidio voluntario con circunstancias agravantes, tienen los índices de asesinatos más altos de la nación, a pesar de que son responsables del 80% de las ejecuciones por pena de muerte. Además, se estima que la población reclusa de los EEUU se ha triplicado, a pesar de este castigo máximo en casi todo el país.

La pena de muerte es un anacronismo de la historia y la supuesta virtud ejemplar es un mito. Nunca pudieron suprimirse los crímenes suprimiendo a los criminales. El cuento de "muerto el perro se acaba la rabia" únicamente es aplicable a los perros en aquellos países donde la Sociedad Protectora de Animales no existe.

La experiencia histórica nos enseña que la abolición de la pena de muerte no aumenta la criminalidad. Así quedó demostrado en Toscana (Italia), cuando en 1786 el rey Leopoldo III encargó a Cesare Beccaria —ilustre jurista y economista—, quien escribió en 1764 el célebre tratado "De los delitos y de las penas", la elaboración de un nuevo código penal que suprimió la pena de muerte. Al año siguiente, es decir en 1787, el emperador José II de Austria siguió el ejemplo de los italianos

En Centroamérica, José Cecilio del Valle sostenía que "una pena tan horrorosa por la muerte que causa a los individuos semejantes nuestros, debe ser borrada en todos los códigos, abolida en todas las naciones cultas del mundo".

Con el correr de los años, los espíritus más esclarecidos de otras naciones civilizadas, propusieron la conversión de la pena de muerte en prisión a perpetuidad, porque esta es una pena bárbara e inútil que agota todo su rigor al momento de ejecutarla. Ante el desarrollo espectacular de la criminalidad, nuestro país adoptó en el año 2000 la cadena perpetua para castigar con severidad los crímenes horrendos y execrables. Únicamente, hace falta que los jueces y magistrados la pongan en práctica.

La pena de muerte no asusta a los criminales. "Un mal cuarto de hora pasa muy pronto", dijo con cinismo y desvergüenza, frente a la guillotina, el criminal más grande de Francia. En cambio, los infortunados que expían a diario su crimen en el oprobio, impresionará más que la vista de un rápido suplicio. En realidad, no es la intensidad de la pena lo que hace más grande el efecto en el ánimo humano, es su duración.

De otra parte, es una impostura de ciertos políticos oportunistas y de uno que otro fanático religioso cuando proponen de manera irresponsable la reimplantación de la pena de muerte por distintas razones a sabiendas de que es casi imposible ponerla en práctica.

Uno de los obstáculos más grandes es la Convención Americana sobre Derechos Humanos o Pacto de San José que establece en su artículo 4.3 que "no se restablecerá la pena de muerte en los Estados que la han abolido". También tengamos presente que Honduras es un Estado parte —de tal Convención— que abolió el castigo supremo en la Constitución de 1894 (la pena de muerte fue reimplantada temporalmente en 1936 durante la dictadura de Tiburcio Carias Andino) y reiteró su abolición en la Constitución de 1957.

Hasta aquí, la discusión del tema de la pena de muerte ha sido esencialmente teórica, pero el problema de nuestra realidad desde el punto de vista práctico es que en nuestro país la pena de muerte se aplica de hecho, de facto, vía ejecuciones extrajudiciales y mediante la aplicación de la "ley fuga".

La aplicación de facto de la pena de muerte la pueden realizar las propias autoridades o las organizaciones criminales. Cuando en una sociedad se producen frecuentemente masacres, secuestros, decapitaciones, descuartizamientos, etcétera, y el Estado no tiene capacidad de evitarlo, es que este ha perdido el monopolio del uso de la fuerza. Aquí comienza el desarrollo de instancias paralelas de poder. Aquí es cuando aparece el Estado paralelo, el Estado mafioso.

En conclusión, "las penas, por sí solas, no determinan el número de crímenes" y existe consenso entre los expertos y especialistas en que "la criminalidad no está ligada a la existencia ni a la abolición de la pena de muerte, sino a factores criminógenos que dependen especialmente de las condiciones de vida (salud, alimentación, educación, vivienda, trabajo, etcétera)".

Consecuentemente, lo que nuestro país necesita es una verdadera política pública de seguridad, que incluya los componentes de prevención, represión y rehabilitación. Las propuestas de "Mano Dura" o "superdura" no sólo han fracasado sino que han agravado la situación.

Las políticas centradas en la represión únicamente han producido el fenómeno de la convergencia de los grupos criminales en su enfrentamiento con el Estado. Lo más grave es que la reimplantación de la pena de muerte representa un retroceso, podría significar —ha escrito el cardenal Óscar Andrés Rodríguez Maradiaga— "un retorno al tiempo de las cavernas".

VI. GOLPE DE ESTADO DE 2009

EL BLOQUE EN EL PODER: MUTACIONES Y REACOMODOS

(Escrito en 2013)

En teoría política se denomina "bloque en el poder" al conjunto de fuerzas, facciones o grupos políticos y sociales, que se unen en torno a intereses comunes para decidir o influir en el aparato del Estado en su propio beneficio. A fin de comprender la dinámica, en el caso nuestro, es necesario saber que el Partido Nacional (PN) es el buque insignia o fuerza hegemónica de un bloque genuinamente conservador y oligárquico que tomó el poder el 28 de junio de 2009.

En general, el partido hegemónico induce cambios y reacomodos que se producen a través de acciones o decisiones orientadas a cooptar, neutralizar o dividir. La idea es descifrar el jeroglífico del adversario para adelantarse a sus acciones. La táctica es tan vieja como la política: instrumentalizar o utilizar a personalidades de la oposición mediante la incorporación a puestos burocráticos en ministerios, instituciones estatales, embajadas, comisiones interventoras o, simplemente, favoreciéndolos con el otorgamiento de contratos o concesiones del Estado. El objetivo estratégico es impedir la conformación de una opción de poder alternativo que supere al sistema imperante.

El PN desplazó al Partido Liberal de la conducción del bloque en el poder, y maniobró para mantenerlo dividido en golpistas y antigolpistas. En la actualidad, el PN domina plenamente la escena política al punto de haber logrado la participación en el 2010 de todos los partidos políticos en el gobierno. La parte más oscura y dramática se observa en el Congreso Nacional donde la mayoría oficialista —que aglutina al 90% de los diputados— hace imposible el debate y asfixia las iniciativas independientes.

Una observación cuidadosa de la evolución del bloque en el poder permite visualizar por lo menos tres momentos: 1) La toma del poder mediante el golpe de Estado de junio 28 de 2009; 2) Su consolidación a partir de las elecciones generales de noviembre de ese año, y; 3) El proyecto de mantener o retener el poder, a partir del triunfo de JOH en las elecciones internas y primarias de 2012.

El golpe de Estado puso en evidencia la incapacidad de la clase política de manejar un conflicto dentro de los cauces de la democracia. Recordemos, que en ese momento la polarización política alcanzó su punto más alto y los otros pode- res del Estado y los poderes fácticos confrontaban al Poder Ejecutivo. En esta coyuntura, el principal beneficiario fue el PN. Torpemente, el candidato presidencial liberal selló su derrota al apoyar el golpe de Estado.

Después de las elecciones del 29 de noviembre de 2009, el bloque golpista se consolidó en el poder pero no superó el aislamiento internacional. En enero de 2010, fue necesario conformar un gobierno de unidad y reconciliación nacional y purgar a los núcleos más duros y radicales, como la Unión Cívica Democrática (UCD). Los duros del PN tampoco entendieron la jugada del nuevo discurso centrado en el humanismo cristiano.

En la agenda política de 2011 se destacó el retorno al país del expresidente Zelaya, el reconocimiento del Frente Nacional de Resistencia Popular como partido político y la reforma del Artículo 5 Constitucional, que desarrolló el plebiscito y el referéndum.

El dispositivo para mantener o retener el poder mostró su eficacia en las elecciones internas y primarias del 18 de noviembre de 2012. La victoria del presidente del Congreso Nacional sobre sus competidores fue contundente pero considerada fraudulenta por su más cercano contendor. La destitución fulminante de los magistrados de la Sala Constitucional de la CSJ y el rechazo del recuento "voto por voto", se impuso de manera autoritaria en el oficialismo. Para muchos, la retórica antifraude de Ricardo Álvarez se evaporó rápidamente con la promesa de convertirlo en el próximo presidente del Congreso Nacional. En los primeros meses del 2013, el candidato del PN marcó ideológicamente el campo de batalla al afirmar que "nosotros somos el centro, el Partido Liberal la derecha y LIBRE la izquierda".

Lo inédito aunque insólito en Honduras, es que por primera vez en los últimos 33 años de vida política, un partido tiene control absoluto sobre todos los poderes e instituciones del Estado, y el Congreso Nacional se convirtió en un "megapoder". La "troika", conformada por Porfirio Lobo Sosa, Juan Orlando Hernández y

Rafael Leonardo Callejas, con la asesoría del venezolano J. J. Rendón, ha elaborado una obra maestra de la alquimia política: mezclar el agua con el aceite. Unir a la ultraderecha con la ultraizquierda en un mismo propósito. En el mural —que nos recuerda los de Ruiz Matute— han pintado la nueva realidad política hondureña con personalidades disímiles y aparentemente irreconciliables: Rafael Leonardo Callejas con Marvin Ponce; Oswaldo Ramos Soto con Julieta Castellanos; Fernando Anduray con César Ham, entre otros.

LA CRISIS POLÍTICA, LA OEA Y LA HISTORIA DE LOS TRES PRESIDENTES

(Escrito en 2011)

Honduras fue suspendida como país miembro de la Organización de Estados Americanos (OEA), a raíz de la ruptura del orden democrático del pasado 28 de junio de 2009, en aplicación del Artículo 20 de la Carta Democrática Interamericana. En ese momento, la reacción del gobierno de facto de Roberto Micheletti fue un tanto apresurada al denunciar la Carta de la OEA, denuncia que surtiría efecto un año después, es decir, en julio de 2010.

Como se sabe, el gobierno de Micheletti no logró el reconocimiento internacional y estuvo a lo largo de sus siete meses de existencia sometido a fuertes presiones de la comunidad internacional, que obligaron a la suscripción del Acuerdo de San José Tegucigalpa. Dicho acuerdo no alcanzó su objetivo principal —la restitución del presidente Zelaya—; sin embargo, se emitió un decreto de amnistía y se conformó la Comisión de la Verdad y la Reconciliación.

La historia de los tres presidentes. A pesar del boicot de los opositores al golpe y el no reconocimiento internacional, se celebraron elecciones generales en noviembre de 2009, lo que permitió, entre otras, la elección de Porfirio Lobo Sosa como presidente de la República. En ese momento insólito e inédito de la historia nacional, Honduras tuvo tres presidentes: el legítimo de Manuel Zelaya Rosales, refugiado en la sede de la Embajada de Brasil en Tegucigalpa; el de facto de Roberto Micheletti en el palacio presidencial; y el electo Porfirio Lobo Sosa, en su casa de la aldea El Chimbo de Tegucigalpa.

Honduras se convirtió en un país aislado y debilitado. El gobierno de facto intensificó la represión en contra de la oposición y se incrementó la violación de los derechos humanos. La Corte Suprema de Justicia, por su parte, fue cuestionada por despedir a varios jueces y magistrados contrarios al golpe y sobreseer —de manera precipitada— a los militares acusados de participar en la ruptura del orden democrático. Para rematar, el Ministerio Público radicó juicios ex post facto en contra del expresidente Zelaya y de algunos de sus colaboradores por abuso de autoridad y presunta malversación de caudales públicos.

Gestionar la crisis derivada del golpe se convirtió en una de las prioridades del nuevo gobierno: se promulgó un decreto de amnistía para los delitos políticos y comunes conexos con los politicos y se otorgó un salvoconducto al expresidente Zelaya, refugiado en la Embajada de Brasil desde septiembre del 2009, para que saliera del país rumbo a la República Dominicana.

En ese orden de ideas, el gobierno de Porfirio Lobo Sosa conformó un gobierno de unidad y reconciliación nacional, retiró la denuncia de la OEA realizada por el gobierno de Micheletti, procedió a la conformación de la Comisión de la Verdad y Reconciliación y solicitó su reingreso al organismo hemisférico.

Meses después, la solicitud fue canalizada a la Secretaría General e incorporada en la agenda de la 40° Asamblea General de la OEA celebrada en Lima, Perú, junio de 2010. La Asamblea General acordó la formación de una Comisión de Alto Nivel para conocer la situación de Honduras y dio el mandato de elaborar un informe. En las negociaciones celebradas en Washington y en otras capitales latinoamericanas participaron Arturo Corrales Álvarez, secretario de Planificación y Cooperación Internacional en representación del gobierno de Porfirio Lobo Sosa, y Jorge Arturo Reina en. representación del expresidente Zelaya. También se escuchó al Comité Jurídico Interamericano y a la Comisión Interamericana de Derechos Humanos.

El Informe de la Comisión de Alto Nivel fue entregado a la Secretaría General en julio 30 de 2010 y entre sus principales conclusiones y recomendaciones fueron: (1) Poner fin a los juicios incoados durante el régimen de facto en contra del expresidente Zelaya y sus colaboradores. (2) Protección al expresidente Zelaya a la que tienen derecho los expresidentes de la República en el territorio hondureño. (3) Incorporación de Manuel Zelaya Rosales al Parlamento Centroamericano en su carácter de expresidente constitucional de la República. (4) Respeto y promoción de los Derechos Humanos. (5) Pleno apoyo a la Comisión de la Verdad y de la Reconciliación de todos los sectores, y; (6) Diálogo nacional.

La incorporación de Zelaya Rosales al Parlamento Centroamericano (Parlacen) en los últimos meses de 2010 fue un avance significativo; sin embargo, los sectores más radicales de la derecha, arreciaron una campaña en contra del presidente Lobo Sosa acusándolo de ejercer presiones indebidas en contra de la Corte Suprema de Justicia para que anulara los mencionados juicios. Las gestiones estaban en un punto muerto cuando sorpresivamente se produjo la Cumbre de Cartagena de Indias que destrabó el proceso y dio lugar a la mediación colombo-venezolana.

Las cancillerías de ambos países sudamericanos presentaron un documento de mediación que debería ser aprobado por las Partes, antes de ser sometido a la próxima 41° Asamblea General de la OEA a celebrarse en junio de 2011 en San Salvador. "Aplaudimos la declaratoria de nulidad de los juicios en contra del expresidente Zelaya porque remueve el último obstáculo para el reingreso de Honduras al seno de la Organización de Estados Americanos".

En resumen, este fue un proceso de ganar-ganar, "donde ganamos todos y gana Honduras", pero debemos reconocer que el gran ganador fue el entonces presidente de Honduras, Porfirio Lobo Sosa, quien pasará a la historia como el principal beneficiario del varapalo del 28 de junio de 2009 y como el arquitecto jefe del largo y doloroso proceso de unidad y reconciliación nacional.

EL ACUERDO DE CARTAGENA Y LA MEDIACIÓN COLOMBO-VENEZOLANA

(Escrito en 2011)

Históricamente la mediación ha sido un mecanismo de solución de conflictos internacionales. Este instituto del Derecho Internacional Público, tradicionalmente ha consistido "en la acción de una tercera potencia destinada a obtener un arreglo entre dos Estados en litigio". En la mediación, el Estado mediador interviene en la negociación y propone una solución.

La mediación colombo-venezolana en la solución de la crisis política tiene características especiales e inéditas. En primer lugar, el litigio es incorporado a la agenda bilateral con el beneplácito de la totalidad de los países miembros de la OEA y con el discreto patrocinio de EEUU y Brasil. De hecho, el tema de Honduras fue objeto de pláticas durante las últimas visitas de 2010 de Barack Obama a varios países de América Latina En segundo lugar, el litigio en el caso que nos ocupa, es un asunto bilateral entre una organización internacional (la OEA) y un Estado Miembro (Honduras) que fue suspendido a raíz de la ruptura del orden democrático y en aplicación de la Carta Democrática Interamericana.

El proceso de mediación de Colombia y Venezuela se produce en un clima de excelentes relaciones políticas, luego que los dos países sufrieron fuertes tensiones que desembocaron en el congelamiento de sus vínculos en 2009 y la ruptura de relaciones diplomáticas en 2010. Un cambio se produjo en Colombia con la elección de Juan Manuel Santos, como sucesor de Álvaro Uribe Vélez, quien en un tiempo récord normalizó sus relaciones con sus vecinos.

El objeto fundamental del proceso de mediación es la elaboración de una propuesta que permita el reintegro de Honduras "a todos los organismos regionales y a todos los programas de cooperación regionales" previo al cumplimiento por parte de su gobierno de las recomendaciones hechas por la Comisión de Alto Nivel de la OEA que se resumen en tres puntos: a) La anulación de los juicios incoados contra el expresidente Zelaya "por estar políticamente motivados". b) El retorno seguro e incondicional del expresidente Zelaya al país, y; c) Respeto de los Derechos Humanos.

La propuesta de Mel Zelaya fue canalizada al presidente hondureño Porfirio Lobo Sosa, a través de Nicolás Maduro, actual presidente de Venezuela, la noche de viernes 8 de abril en Caracas. Por su parte, los cancilleres de Colombia y Venezuela fueron instruidos por sus respectivos presidentes a dar continuidad a la reunión, para elaborar un documento que sirviera de base para iniciar el proceso de reingreso de Honduras a la OEA, propuesta que fue presentada en la 41° Asamblea General del organismo hemisférico realizada en San Salvador, El Salvador, del 5 al 7 de junio de 2011.

¿Debió el Congreso Nacional de Honduras aprobar o ratificar el Acuerdo de Cartagena? El tema se convirtió en una discusión poco profesional en los medios de comunicación y, naturalmente, las opiniones fueron encontradas. Así las cosas, existen razones de mucho peso para que el gobierno de Honduras haya decidido dar un paso de mucha astucia y audacia política para desbloquear la crisis.

Es probable que el aumento exorbitante de los precios del petróleo a causa, entre otras, de las revueltas populares en el mundo árabe y su impacto en la política social del gobierno hondureño sea la razón principal. Además del retorno a la OEA, la aspiración suprema era regresar a Petro Caribe para recibir los beneficios del mismo, pero al final no se logró, y el país se vio obligado a seguir pagando de contado y a precios de mercado la factura petrolera.

En efecto, el síndrome de "la revuelta de los taxistas2 de septiembre de 2005 a raíz del aumento inmoderado de los combustibles causados por el huracán Katrina en el golfo de México, siempre estuvo presente en el entorno íntimo del presidente Lobo Sosa. El aumento de los subsidios al transporte dejaron vacías las arcas nacionales para financiar los programas de compensación social, como el "Bono 10 mil" y la merienda escolar, entre otros.

Hay que considerar además, que el aislamiento internacional del gobierno de Lobo Sosa comenzó a hacer mella en las finanzas públicas y en los planes de inversión pública. El flujo de los recursos de los organismos financieros internacionales no terminaba de alcanzar los niveles de otros tiempos y el país continuaba fuera de los beneficios de la Cuenta del Milenio. El financiamiento brasileño para las represas de Jicatuyo y Los Llanitos, de la cuenca del río Chamelecón del noroccidente del país, continuó congelado.

En conclusión, las élites hondureñas comenzaron a cambiar su enfoque ideologizado de las relaciones internacionales por una visión más realista y pragmática. En esa línea de pensamiento, cada día son más los que creen que el país no resolvió ningún problema con el golpe de Estado, sino que por el contrario, que muchos de los mismos se han agravado.

Además, se tiene la impresión de que el país está ubicado en el bando de los perdedores. Por ejemplo, algunos piensan que Honduras dejó escapar la oportunidad que aprovechó El Salvador con Petro Caribe, donde se construyó una terminal de tanques de almacenamiento en el puerto de Acajutla, con una capacidad de trescientos cincuenta mil barriles a un costo de cien millones de dólares.

En definitiva, como afirmó Juan Manuel Santos, presidente de Colombia: "Por el bien de Honduras, por el bien de Centroamérica y por el bien de todos, debemos apostar por el éxito de la mediación".

AMBICIONES PELIGROSAS, LAS TENTACIONES DEL PODER

(Escrito en 2015)

Así se llama el libro recién publicado por el general Romeo Vázquez Velásquez referente a la crisis político-institucional que sufrió Honduras en 2009. El libro se vende como pan caliente en las pocas librerías de la ciudad. Entre otras cosas, el general sufrió un revés político en las elecciones de 2013, pero se anota un triunfo en el 2015, como escritor. La obra contiene una descripción del golpe de Estado de 2009, desde la óptica del principal jefe militar de la época. Revela hechos y detalles desconocidos para la mayoría de los ciudadanos y que exhiben de cuerpo entero a la denominada clase política en su grandeza y miseria, ambiciones y mezquindades, limitaciones e ignorancias. Ese relato nos lleva por los caminos y veredas de la tragedia y la comedia, de la torpeza y del cinismo.

El problema. Más allá de la frivolidad de un acto de barbarie política, que evidenció —de manera inapelable— la incapacidad de las élites en el manejo de los conflictos y contradicciones del sistema por los cauces democráticos, lo más importante del libro podría ser el replanteamiento de las relaciones entre las FFAA y la política. El Artículo 272 de la Constitución define la misión de las FFAA en una sociedad democrática: defender la integridad territorial y la soberanía de la República, mantener la paz y el orden público. Pero desde 1957, los políticos civiles le confiaron (debido a su mutua desconfianza), funciones esencialmente políticas: Garantizar el imperio de la Constitución; los principios de libre sufragio y; la alternabilidad en el ejercicio de la Presidencia de la República.

Los aspectos eminentemente políticos establecidos en el precitado artículo constitucional —escribe Vásquez Velásquez— "entran en contradicción al subordinarlas a las FFAA al presidente de la República... De aquí que, siendo la Presidencia un puesto político, siendo el presidente un político y siendo las FFAA apolíticas, los legisladores deberían desligar a la institución de las responsabilidades que les impone la ley".

La recomendación. Resulta que en el informe "Para que los hechos no se repitan" de la Comisión de la Verdad y la Reconciliación de 2011 recomendó "suprimir cualquier misión de carácter político para las FFAA, así como prohibir su utilización para funciones policiales, a no ser en caso de estado de excepción... Sus competencias, derechos y obligaciones deben ser restringidas para que el poder castrense no tenga el poder de decisión unilateral en temas fundamentales como la protección de la Constitución política".

El objetivo e "reducir el peligro de que los militares actúen como árbitros de facto de conflictos constitucionales entre los diferentes Poderes del Estado".

El remedio constitucional. Para resolver la situación descrita, el remedio constitucional es "crear un Tribunal de Justicia Constitucional con competencia para conocer la defensa de la Constitución contra el abuso de la ley, dirimir la competencia y los conflictos entre los Poderes del Estado y velar por la protección de los derechos humanos". Entonces, ¿por qué razones nuestros gobernantes no han tomado en serio las recomendaciones de la Comisión de la Verdad y la Reconciliación? ¿Por qué el actual gobierno disolvió la Unidad de Seguimiento de las recomendaciones de la CVR, adscrita a la extinta Secretaría de Derechos Humanos?

La advertencia. "Las ambiciones personales o de grupo por la lucha del poder político y económico hacen que nazcan proyectos particulares; bajo esta premisa, hoy estamos a las puertas de una dictadura, lo que podría terminar, otra vez, con (una nueva) intervención militar, es decir, otro golpe de Estado de 1957. Lo importante de destacar es que son los propios militares o algunos de ellos, los que ahora proponen a las autoridades civiles que los liberen de las funciones políticas que les confiaron en 1957.

La conclusión principal es que las FFAA son un grupo fáctico de poder y un árbitro que dirime los conflictos entre los poderes del Estado, que opera bajo el paraguas protector de la Constitución, debido fundamentalmente a la falta de educación y madurez de nuestra clase política. En general, en América Latina y el Caribe, el grado de influencia de los militares en la política es inversamente proporcional a la debilidad o, en su caso, a la fortaleza de las instituciones democráticas. Esta es la pura verdad.

DONDE SE IRRESPETA LA LEY, LA CORRUPCIÓN ES LA LEY

(Escrito en 2003)

"Hay muchos líderes que se han vuelto corruptos y hay muchos corruptos que se han vuelto líderes", sentenciaron premonitoriamente nuestros niños reunidos en ocasión del VII Congreso Nacional infantil. Lógicamente, los pequeños se referían a algunos miembros de nuestra clase política y empresarial, que han escalado posiciones utilizando procedimientos reñidos con la ética y la moral.

Semanas después, Transparencia Internacional (TI) clasificó a Honduras como la nación más corrupta de América Latina y la ubicó en un infamante sexto lugar a escala planetaria. Pero no lloremos sobre la leche derramada. Precisemos, que se trata de un trabajo elaborado por una ONG internacional, con base a encuestas, que establece un Índice de Percepción de Corrupción (IPC) en las relaciones entre los inversores extranjeros con funcionarios estatales.

Independientemente de las cuestiones metodológicas y de la confiabilidad de algunas de las fuentes utilizadas por TI, todos los hondureños estamos obligados a defender el honor y la dignidad nacional y a coadyuvar a la lucha anticorrupción. Categóricamente, Honduras como sociedad no merece ese calificativo: Gracias a Dios, los honestos son más numerosos que los corruptos, pero no podemos ignorar la influencia creciente de los segundos.

Pero lo importante para nuestro país, no es cuestionar los métodos utilizados por TI en la elaboración del mapamundi de la corrupción. Lo trascendente es diseñar una estrategia nacional de lucha anticorrupción. Elaboremos un mapa nacional que nos posibilite identificar los "sitios" en la sociedad y el Estado donde la corrupción, el abuso de poder y la impunidad se encuentran enraizados.

Una vez identificados los "sitios" todos los actores sociales —Estado y sociedad civil— deberían de implementar un Sistema Nacional de Integridad en consonancia con los mecanismos y procedimientos establecidos en la Convención Interamericana contra la Corrupción, suscrita por Honduras en 1996 y ratificada por el Congreso Nacional en 1998. Nuestros países no están solos en la lucha anticorrupción. La Organización para la Cooperación y el Desarrollo Económico (OCDE) adoptó en 1997 una convención que convierte en delito los sobornos pagados a los funcionarios extranjeros.

En este terreno, los hechos son más elocuentes que las palabras. Es necesario fijar metas y establecer plazos a los funcionarios responsables. Se trata de obtener resultados, quienes no cumplan con las metas en los plazos establecidos deberían darles la oportunidad a otras personas más dinámicas y diligentes.

Por de pronto, comencemos una campaña de educación cívica para que los gobernantes y gobernados respetemos y cumplamos escrupulosamente con la ley. Todos debemos ser iguales ante la ley y nadie debe estar encima de ella. En un país donde se irrespeta la ley, la corrupción es la ley.

¿Cómo hacer entender a nuestros servidores públicos de los tres poderes del Estado qué es corrupción, abuso de poder e impunidad, violar o irrespetar los plazos y términos establecidos en los Códigos de procedimientos o la Ley de Contratación del Estado? ¿Cómo es posible que nuestra mora judicial —la más alta de América Latina—

continúe dramáticamente creciendo? ¿Cómo explicar que no haya un tan sólo sentenciado por el delito de enriquecimiento ilícito? ¿Los traficantes de escándalos y los empresarios de la difamación seguirán amasando fabulosas fortunas y chantajeando vulgarmente a quienes se dejan chantajear?

En otro orden, hay que evitar la deslegitimación de la lucha anticorrupción. Esta no debe convertirse en un arma letal para liquidar adversarios políticos o en un modus vivendi de los "corruptólogos" del patio. Aún está fresco el recuerdo de la Guerra Fría, donde el anticomunismo fue un negocio floreciente para muchos farsantes e impostores.

En Occidente, del cual América Latina forma parte de su periferia, encontró hace algunos siglos la brújula que orienta su marcha a través de la historia: El Poder —vale decir el Estado, el Gobierno y las autoridades— debe estar limitado, controlado, dividido y distribuido. Porque, como lo sentenció el inglés Acton en 1832 "el poder tiende a corromper y el poder absoluto tiende a corromperse absolutamente".

No perdamos de vista que, los seres humanos estamos sometidos a un triple ordenamiento normativo: las leyes de los hombres, las leyes de la naturaleza y las leyes divinas. Las primeras mudan de acuerdo con las circunstancias de tiempo y de lugar, las últimas son eternas e inmutables. Todas ellas condenan de manera inapelable la corrupción y la consideran como la más corrosiva de las lacras que destruye el bien común y empuja a las sociedades al abismo de la ingobernabilidad.

VII. LAS CIUDADES MODELO

LAS CIUDADES MODELO, GENIAL IMPOSTURA

(Escrito en 2012)

Una impostura es un engaño con apariencia de verdad y las ciudades modelo lo son, por dos razones: la existencia de dichas ciudades no es real sino virtual, lo único real son las maquetas y los videos que han elaborado sus promotores. Es genial, porque se echaron a la bolsa, en tiempo récord, a la mayoría de los diputados del Congreso Nacional para que reformaran la Constitución y promulgaran un Estatuto Constitucional que facilitara su creación en el territorio hondureño.

El autor intelectual es Paul Romer, un profesor de Economía de la Universidad de New York, quien ha logrado en poco tiempo en Honduras, lo que no logró en décadas de trabajo alrededor del mundo. Hasta el momento, es la primera vez que la élite política de un país toma en serio sus planteamientos, pero del dicho al hecho hay mucho trecho. A pesar de las reservas y suspicacias, escribe el periódico "The Guardian" del Reino Unido, "Honduras se convirtió en huésped del experimento neoliberal más radical que conoce la historia reciente".

Las ciudades modelo según Romer. "La base del desarrollo no es la tecnología por sí misma, ni el conocimiento, son las buenas normas, las buenas reglas expresadas en leyes y costumbres que permiten canalizar la energía creativa de las personas". Por ello propone la creación de un "Estado dentro de otro Estado", que es muy distinto a la fórmula china "un país, dos sistemas", que ha convertido a esa nación en la segunda economía del mundo.

Las ciudades modelo, ficción y realidad: Las **charter cities** sólo existen en el Internet. Así lo advierte su propio sitio —www.chartercities.org— en la red: "los siguientes son casos hipotéticos estrictamente para fines ilustrativos. No reflejan proyectos o conversaciones reales". En el sitio mencionado, usted podrá encontrar extravagantes relatos del peregrinaje de Romer por los cuatro continentes promoviendo las supuestas ventajas y fantasías de sus proyectos.

En varios países del mundo abrumados por la pobreza y la exclusión y amenazados por la corrupción y el narcotráfico, la retórica de Romer ha persuadido a muchos. Veamos algunos ejemplos. En el 2008, el gobierno de Madagascar (África), consideró la creación de *charter cities,* pero el plan fue abortado cuando el liderazgo político que lo apoyaba fue removido del poder. En el 2009, en Mauritania (África) hizo una propuesta a las autoridades nacionales y logró entusiasmar a inversionistas de Noruega y Nueva Zelandia para que se convirtieran en garantes de las *charter cities,* pero el proyecto fracasó porque el gobierno también fue derribado por un golpe de Estado.

La imaginación sin límites de Paul Romer ha llegado a niveles alucinantes. En una potencia emergente como la India ha propuesto la construcción de una *charter city* en Bangalore, pero el gobierno nunca respondió. En Brasil, otra potencia emergente que participa en una operación de mantenimiento de paz en Haití, dice Romer "podría utilizar la mano de obra de los haitianos y construir una ciudad modelo en la parte norte (de Brasil) cerca de las Guayanas". Brasil ha dicho "no, gracias".

En sus publicaciones, Romer compara lo que no es comparable. Comencemos por Hong Kong. Esta es una Región Administrativa Especial de la República Popular China que antiguamente fue una colonia durante 155 años del Reino Unido y goza de un estatus especial hasta el año 2047.

Zhengzhou, es diferente. Es una próspera ciudad del sur que forma parte de una de las muchas Regiones Económicas Especiales ubicadas en la costa de esa república. La característica común es que son parte inalienable del Estado chino y sometidas a las leyes chinas, en ellas se promueve la economía de mercado y son dirigidas por un régimen de partido único. Singapur no es una ciudad modelo sino un país modelo. Es una ciudad-Estado, miembro respetable de las Naciones Unidas y uno de los centros financieros más importantes del mundo.

Honduras como conejillo de indias. Romer declaró a un periódico local que "lo que estamos haciendo en Honduras es comparable a un laboratorio donde experimentamos nuevos sistemas". En Canadá se cree que Honduras está a la venta al mejor postor. “Si usted es multimillonario y no es propietario de un famoso equipo de futbol o de una carísima colección de arte de categoría mundial, ahora puede ser propietario de un mini-Estado, completamente privado, Honduras ofrece la oportunidad”, ha escrito el prestigiado periódico “The Globe and Mail” de Toronto el 24 de mayo de 2012.

En resumen, Paul Romer nos propone la creación de un enclave neocolonial, de un Estado dentro de otro Estado, o peor aún, de una “banana republic2 en pleno siglo XXI, cuando la tendencia en América Latina es que los Estados recuperen el control de sus recursos naturales vendidos a las multinacionales durante la época del neoliberalismo.

Da coraje constatar que Honduras aparezca como una sociedad donde las élites no saben hacia dónde van: unos plantean la creación de “enclaves de riqueza en océanos de pobreza" para evitar el colapso del Estado y, otros, proponen vagamente la refundación del Estado.

GREGOR MACGREGOR: EL PRÍNCIPE DE LAS MENTIRAS Y LAS CIUDADES MODELO

(Escrito en 2011)

Sergio Ramírez, famoso escritor nicaragüense, ha denominado a Gregor MacGregor (1786-1845) como “el príncipe de las mentiras” y sobre quien escribirá su próxima novela. Nuestro protagonista fue el más perseverante e ingenioso estafador del siglo XIX, y estuvo a punto de llevar a la quiebra al London Stock Exchange.

MacGregor fue considerado como “el estafador de estafadores”, pues les ganó “en agallas, ardides y fantasías por más de una cabeza” a todos los pares de su época.

Las guerras napoleónicas crearon una nueva correlación de fuerzas a nivel mundial y fueron una de las causas fundamentales de la independencia de América Latina. Las jóvenes naciones necesitaban dinero, por lo que comenzaron a emitir bonos dando en garantía minas de oro, plata, tierras, maderas preciosas, entre otras, siendo colocados en la banca internacional.

En ese contexto, aparece en escena Gregor MacGregor luchando en la guerra de independencia de Venezuela al lado del Libertador

Simón Bolívar, a cuyo Estado Mayor perteneció; para 1816 ostentaba el grado de General de División y había desposado a una sobrina del Libertador.

En 1820 regresó a Londres, donde realizó su hazaña más insólita y extravagante: creó un país imaginario en La Mosquitia hondureña al que bautizó con el nombre de Poyais (derivado del nombre de la etnia poyas o payas), del que se proclamó cacique o príncipe. Para ello, el astuto personaje convenció al rey mosco George Frederick, quien también era un rey fantoche, para firmar una contrata que le otorgaba derechos sobre 32,500 kilómetros cuadrados, un territorio un poco más grande que la República de El Salvador. En su país natal, Reino Unido, MacGregor hizo valer su condición de soberano del exótico principado de Poyais. Abrió la Embajada en el corazón de Londres y a sus frecuentes recepciones concurría la nobleza, el cuerpo diplomático y los banqueros. MacGregor, quien era poseedor de una imaginación envidiable, terminó creyendo sus propias mentiras, comenzó a vender las tierras del país fantasma y hasta ambiciosos banqueros le otorgaron préstamos millonarios.

En 1822, nuestro personaje publicó un lujoso prospecto donde describe la naturaleza paradisiaca de Poyais. En él se ponderan las inagotables riquezas de sus bosques, sus recursos naturales abundantes en oro y plata y "donde las hojas cuando caen al agua se transforman en peces". El libro también hace mención de una ciudad producto de su fantasia: Saint Joseph (ubicada en la desembocadura del río Tinto, cerca de la actual comunidad de Palacios y no lejos del valle de Sico y Paulaya) la capital, con bellos edificios neoclásicos, teatros y hasta una ópera.

A finales de 1822 zarparon varios barcos con unos 300 inmigrantes hacia Poyais, no sin antes cambiar sus libras esterlinas por la moneda del país fantasma que MacGregor mandó a imprimir en Escocia. Después de varios días de travesía y casi llegando a la desembocadura del río Tinto —Black River—, uno de los barcos naufragó y los sobrevivientes alcanzaron con dificultad la costa. Los ingenuos inmigrantes solo encontraron las ruinas de un antiguo establecimiento inglés, una selva impenetrable, pantanos y mosquitos. Es decir, la aventura en Poyais terminó en un terrible fiasco.

Gregor MacGregor, quien en poco tiempo se convirtió en un millonario, fue procesado en su país únicamente por el cargo de "falsas promesas" a pesar de haber causado la muerte —de manera directa o indirecta— de no menos de 200 personas. Sin remordimiento alguno siguió vendiendo tierras y timando incautos hasta que en 1837 regresó a Venezuela donde ocho años después murió.

Para conocer los detalles de la turbulenta vida de MacGregor es necesario leer el libro escrito por el historiador y periodista inglés David Sinclair titulado "La tierra que nunca fue" (The land that never was) publicado en Londres en el 2004 por la editorial Da Capo Press.

Guardando las distancias y proporciones, el punto en común entre el fraude de MacGregor y los negociantes invisibles que mueven los hilos de las ciudades fletadas, es la impostura y el embuste. La lección aprendida debería ser: no todo lo que brilla es oro y, en los asuntos tanto públicos como privados, la precipitación es la madre del error.

LAS CIUDADES MODELO Y EL DERECHO INTERNACIONAL

(Escrito en 2012)

El Estatuto constitucional de las ciudades modelo contiene varios artículos reñidos con el Derecho Internacional y que constituyen, además, una amenaza a la unidad e integridad territorial del Estado de Honduras. En un futuro no lejano, los habitantes de estas ciudades podrían demandar o exigir la independencia política, vale decir, la separación del Estado de Honduras. En suma, el mencionado Estatuto contiene el huevo de la serpiente del separatismo, que tanto daño le sigue haciendo a la unión de Centroamérica.

En este sentido, los Artículos 17 y 87 son los más peligrosos. "Este Estatuto Constitucional solo podrá ser modificado, reformado, interpretado o derogado mediante mayoría calificada del Congreso Nacional, previo referéndum vinculante a la población que habite la Región Especial de Desarrollo (RED) de que se trate" (Artículo 17.

Decreto No. 123-2011, publicado en el Diario Oficial La Gaceta, No. 32,601, 23 de agosto de 2011.

"El Congreso Nacional, para el desarrollo inicial de las RED, puede autorizar la administración a otro u otros países con los que llegue a un acuerdo, mediante el procedimiento del Derecho Internacional" (Artículo 87, igual Decreto).

Volviendo al Artículo 17, este reconoce a los habitantes (nacionales y extranjeros) de las ciudades fletadas el derecho a la autodeterminación vía referéndum. Después de la creación de las Naciones Unidas en 1945, es la primera vez que un Estado Miembro originario —como es Honduras— le reconoce a los habitantes de una región de su propio territorio el derecho de autodeterminación. Recordemos que dicha figura consiste en "el derecho de un pueblo a decidir sus propias formas de Gobierno, perseguir su desarrollo sin injerencias externas y de acuerdo con el principio de igualdad". Precisamente, este es el sueño acariciado por muchos habitantes de Hong Kong desde que dejaron de ser colonia del Reino Unido.

La Carta de la ONU en su Artículo 1 consagró el derecho de la libre determinación de los pueblos y reconoció el principio de "en los pueblos que no hayan alcanzado la plenitud de Gobierno propio los intereses de los habitan- tes de esos territorios están por encima de todo".

Para hacer realidad dichos principios, las Naciones Unidas crearon el régimen de administración fiduciaria que se aplicaba a los territorios sometidos a la dominación colonial. Pues bien, muchos de los actuales Estados africanos y asiáticos alcanzaron su independencia gracias a la aplicación del derecho de autodeterminación. Sin embargo, dicho régimen no se aplica a territorios que hayan adquirido la calidad de Miembros de las Naciones Unidas (*) como es el caso de Honduras.

En consecuencia, el Artículo 87 del Estatuto es también inaplicable e inconstitucional.

(*). Artículo 78, Carta de la ONU.

En ejercicio del derecho de autodeterminación, un pueblo puede decidir entre la formación de un Estado independiente, la libre asociación, la integración a un Estado ya existente o la adquisición de cualquier otro estatuto político libremente decidido por la población. Esta cláusula aleja la posibilidad de establecer un protectorado al interior de un Estado soberano.

Hay que agregar que, los padres de la criatura les concedieron a las ciudades modelo, la facultad de firmar tratados internacionales y el derecho a establecer una especie de embajadas, denominadas misiones económicas o comerciales en el extranjero. El problema es que dichos artículos también son inaplicables e inconstitucionales porque chocan frontalmente con dos instrumentos fundamentales del Derecho Internacional Público: la Convención de Viena sobre Derecho de los Tratados de 1969 y la Convención de Viena sobre Relaciones Diplomáticas de 1971.

En resumen, las ciudades modelo son un hibrido institucional que no son ni pueden ser sujetos de Derecho Internacional Público, porque sus fundamentos son contrarios a los principios básicos del orden jurídico internacional.

Es lamentable que algunas de nuestras autoridades, a pesar de sus buenas intenciones, no hayan meditado lo suficiente para tomar una decisión histórica que podría provocar daños graves e irreparables, en el plano nacional e internacional, al futuro de Honduras. Todo me recuerda el denominado "mal de Necker", que no es otra cosa que "la incapacidad de una autoridad para prever y calcular las consecuencias e impactos de sus decisiones y actos".

LAS FIGURAS EMBLEMÁTICAS DE LOS PROCESOS SOCIALES DEL SIGLO XX

(Escrito en 2012)

Para indagar acerca del protagonismo de los hombres en la historia de una sociedad, es necesario insertarlos en los procesos sociales y políticos que han marcado su rumbo general. La idea-fuerza de estas líneas es identificar estilos, propuestas y tendencias que encarnan dichos personajes y su conexión con las fuerzas sociales y políticas en las coyunturas históricas determinadas.

Evidentemente es una lista arbitraria y sesgada, pero el hilo conductor hay que buscarlo en la posición asumida por los actores en el entramado social. Se trata, pues, de focalizar la naturaleza conflictiva de la política, donde unos hombres que representan determinadas fuerzas se enfrentan bajo distintas modalidades a otros hombres con diferentes ideales e intereses.

Por otra parte, el paso de un siglo a otro es solo una forma particular de contar el tiempo y no expresa necesariamente el fin o el comienzo de un proceso social. Por ejemplo, el francés Claude Julien, sostiene que en Europa el siglo XIX se prolongó hasta la Primera Guerra Mundial, y el siglo XX terminó anticipadamente en 1989 con la caída del Muro de Berlín. En nuestro caso, es probable que el siglo XIX se haya prolongado hasta 1948 y que el siglo XX no haya concluido todavía. Creo que en Honduras el siglo XX terminó en el 2009.

En relación con las etapas que deslindan un proceso de otro, en nuestro país son observables:

1) El proyecto liberal de Estado y de sociedad iniciado por Francisco Morazán, José Cecilio del Valle y Dionisio de Herrera, retomado en 1876 por Marco Aurelio Soto y Ramón Rosa y que se agota hacia 1948. Esa etapa puede subdividirse en dos períodos: 1.1 La Reforma Liberal propiamente dicha (1876-1902) y 1.2 El Estado Concesionario, Enclaves y Guerras Civiles (1902-1948). 2) Desarrollo Capitalista y Democratización (1948-2002), etapa que se puede subdividir en tres períodos: 2.1 La Modernización del Estado y Democratización (1948-1972); 2.2 Crisis Regional y Hegemonía Castrense (1972-1989) y; 2.3 Democratización, Catástrofes Naturales y Reconstrucción Nacional (1989-2002).

En el alba de nuestra historia republicana, los liberales enfrentan la anarquía y el localismo en el proceso de construcción del Estado nacional, y las ideas conservadoras heredadas del pasado colonial se diluyen lentamente en las brumas de la ambigüedad; seguidamente, la lucha se prolonga entre liberales oligárquicos o "moderados" representados por Luis Bográn, Ponciano Leiva y Domingo Vásquez de un lado, y los liberales democráticos o "radicales" dirigidos por Celeo Árias López (tatarabuelo de Jorge Bueso Árias) y Policarpo Bonilla (abuelo de Policarpo Callejas Bonilla), del otro. Los últimos, avanzan sobre ríos de sangre en la construcción de la república liberal democrática, aboliendo la pena de muerte e instaurando el habeas corpus y el voto universal masculino.

El riesgo definitorio de la época es la pobreza crónica de la élite hondureña, vulnerada por "la frustración colectiva2 provocada por el fracaso de la construcción del ferrocarril y su incapacidad de impulsar por sí misma el desarrollo del país. La visión de los reformadores liberales sobre el papel de la inversión extranjera arrojó como resultado la formación del enclave minero y bananero y, consecuentemente, la desnacionalización de los rubros que nos integraron a la economía mundial.

Manuel Bonilla Chirinos (abuelo de Manuel Acosta Bonilla) y Tiburcio Carías Andino son las figuras de mayor gravitación de la denominada "República Bananera". Al otro extremo, Washington Valentine, personaje principal del enclave minero, es desplazado por Samuel Zemurray, "el Rey del Banano", quien a su vez liquida como clase social a los "poquiteros" o finqueros nacionales. Lo que sigue, son las sangrientas guerras civiles entre facciones sectarias atizadas, no pocas veces, por pugnas entre las compañías bananeras. Durante la prolongada administración de Carías los hondureños conocen "el sentido de lo durable", desaparecen las montoneras y se consolida un Estado centralizado y autoritario al servicio de la "Mamita Yunai".

En la primera mitad del siglo anterior, Juan Manuel Gálvez y Ramón Villeda Morales introducen a Honduras al mundo de la modernidad. En este período, el Estado crece, se ensancha y se democratiza. Se autodefine como promotor del desarrollo y regula las relaciones entre el capital y el trabajo. Son nuevos tiempos en que irrumpen en la escena política otros actores sociales: los empresarios, los trabajadores y los militares.

El Estado apoya resueltamente al empresariado nacional y este se juega la carta del Mercado Común Centroamericano; los trabajadores hacen propuestas diversas que van desde políticas de conciliación hasta proyectos clasistas inspirados en la versión soviética del socialismo. El papel de los militares en la política resulta ambivalente: Oswaldo López Arellano, el único caudillo militar de los tiempos modernos, en un primer momento dirige un cruento golpe de Estado anti-reformista en alianza con las fuerzas más conservadoras del país. Posteriormente, encabeza un gobierno militar reformista que pretende "la actualización histórica de

Honduras" y que logra el apoyo de las centrales obreras y de la empresa privada de la costa norte.

Centroamérica fue, durante las últimas décadas del siglo, escenario del enfrentamiento político-militar más sangriento y devastador del continente, donde los sueños de un cambio social revolucionario se entrelazaron con el enfrentamiento global provocado por la guerra fría.

Irónicamente —al decir del politólogo y especialista en América Latina, Alain Rouquié— insurrecciones de signo leninista contribuyeron a la construcción de las democracias, mismas que no han logrado erradicar las causas que les dieron origen a dichas insurrecciones.

Finalmente, una catástrofe natural destruyó en unas horas lo construido en 50 años y en medio de la tragedia y la esperanza, el mandatario Carlos Roberto Flores se esforzó en la reconstrucción y transformación nacional con la ayuda de la comunidad internacional y de la mano con la sociedad civil.

VIII. LOS INDIGNADOS Y EL ESTADO DEGRADADO

LOS INDIGNADOS Y EL ESTADO DEGRADADO

(Escrito en 2015)

"Somos personas normales y corrientes. Somos gente como tú. Gente que se levanta por las mañanas para estudiar, para trabajar o para buscar trabajo. Gente que tiene familia y amigos. Unos nos consideramos progresistas, otros más conservadores. Unos creyentes, otros no. Unos tenemos ideologías bien definidas, otros nos consideramos apolíticos" (Documento de Los Indignados Españoles).

La raíz del problema. Honduras fue considerado en el 2010 como un Estado degradado, por una prestigiada entidad académica: estado-nacion.org.cr-. Un Estado degradado es un Estado fracasado. Ya vimos que se trata de un ente que padece de una incapacidad crónica de cumplir la función básica de preservar la ley y el orden. Su aparato institucional es frágil y precario e infiltrado por poderes fácticos legales e ilegales. Acciones como depuración, intervención y transición son muy frecuentes en la administración pública. Simplemente, sus instituciones no funcionan y son manipuladas o instrumentalizadas por camarillas que controlan el gobierno.

La Comisión de la Verdad y la Reconciliación (CVR) creada por el gobierno de Lobo-Hernández, tomó nota de lo anterior y en el 2011 presentó un informe denominado "Para que los hechos (del 2009) no se repitan". Dicho documento contiene varias recomendaciones y específicamente la No. 47 dice que: "Recomendamos al Gobierno de Honduras solicitar a la ONU, considerar el establecimiento de una instancia internacional de investigación para fortalecer la institucionalidad pública en su capacidad de investigación de actos de corrupción y crimen organizado, cuyo mandato no debe ser inferior a cinco años de duración".

En resumen, la CVR recomendó la creación de una Comisión Internacional Contra la Impunidad, pero las autoridades de ese entonces la obviaron y crearon a cambio la Secretaría de Derechos Humanos y la Comisión para la Reforma de la Seguridad Pública, ambas suprimidas sorpresivamente en el 2014. Ante la degradación institucional, que conlleva un grave perjuicio a la ciudadanía (Poder Judicial, Ministerio Público, Tribunal Superior de Cuentas, Tribunal Supremo Electoral, Procuraduría General de la República, etcétera) es que "Los Indignados" exigen que se cumpla la recomendación de crear una Comisión Internacional contra la Corrupción y la Impunidad para Honduras. Su entrada en escena es el producto de la acumulación de conflictos no resueltos que el sistema de partidos no supo leer ni interpretar y, que el saqueo colosal del 68. Escrito en 2015, anotaciones del Instituto Hondureño de Seguridad Social (IHSS), como punto culminante, provocó la explosión de cólera ciudadana.

La identidad de "Los Indignados". Constituyen un movimiento ciudadano, de carácter espontaneo, que rebasó a los partidos políticos y que cuestiona los liderazgos establecidos. "Los colores políticos han pasado a un segundo plano y nuestra prioridad es la lucha contra la corrupción y la impunidad". Han declarado que su lucha "terminará hasta cuando el Estado cambie su estructura fallida".

Naturalmente, la convergencia de objetivos entre "Los Indignados" y los nuevos partidos políticos, entre una cultura de resistencia (construida a pulso a partir del 2009) y el fenómeno de la indignación nacional contra la corrupción e impunidad, generará conflictos y contradicciones que pondrán a prueba la agudeza y la lucidez de los dirigentes. Una cosa es clara: los objetivos entre los partidos mencionados y el movimiento de "Los Indignados" no son excluyentes sino complementarios.

"Los Indignados" no son una franquicia internacional. El movimiento representa una protesta social transversal, que proyecta la idea de estar más allá del eje izquierda-derecha. Constituye un movimiento reactivo de hartazgo ciudadano ante el cinismo y la corrupción de los políticos tradicionales.

No se puede despolitizar la política. Sin lugar a duda, las demandas de "Los Indignados" son políticas y que no han sido canalizadas por los partidos ni los movimientos sociales. Por ello es un despropósito intentar despolitizarlas. Todo lo contrario, estamos viviendo una "repolitización" de las demandas sociales. Las marchas de “Los Indignados” son un ejercicio de socialización política de las demandas ciudadanas a través de prácticas democráticas.

Entre “Los Indignados” el factor generacional es muy importante. Son gente de clase media urbana con acceso a las nuevas tecnologías de la información. Es la generación del internet y de las redes sociales. Sus logros en materia de incidencia simbólica son indiscutibles: han cuestionado el imaginario social dominante y han cambiado la agenda política del país. También descarrilaron el proyecto de los cincuenta años de JOH. Las marchas de las antorchas están en vías de mutarse a un paro cívico nacional para forzar su renuncia y adelantar la celebración de las elecciones generales. La posibilidad de la convocatoria a una Asamblea Nacional Constituyente se ve lejana pero no ausente, catapultada por la inconstitucional reelección de JOH.

Conclusión. El bloque en el poder perdió la brújula desde el momento que decidió implementar el experimento neoliberal más brutal que ha vivido país alguno, y que las ciudades modelo o ZEDES son su expresión más descarnada.

A casi 200 años de vida independiente, estamos en presencia de un cambio de paradigma de consecuencias impredecibles, pero en definitiva, son las fuerzas sociales con sus acciones y omisiones quienes modelan la historia.

LOS INDIGNADOS Y LA DESOBEDIENCIA CIVIL
(Escrito en 2015)

La desobediencia civil o resistencia pasiva es una de las manifestaciones del derecho de resistencia a la opresión. Las diferentes acciones —movilizaciones y huelgas de hambre— que realiza la oposición indignada se ejercitan al amparo de los derechos y garantías consignados en la Constitución.

El origen del derecho de resistencia a la opresión se encuentra en la obra del pensador liberal John Locke denominada “Ensayo sobre el Gobierno Civil” escrita en 1690, y en su esencia dice que “el poder es un depósito confiado a los gobernantes; el pueblo, en tanto que Poder Soberano, puede recurrir a la insurrección, cuando se viola el contrato o pacto político”. Este principio, de insospechada trascendencia, encendió las antorchas de todas las revoluciones burguesas del planeta.

Un siglo después, los revolucionarios franceses establecieron en la Declaración de los Derechos del Hombre y del Ciudadano de 1793 que "el objeto de toda asociación política es la conservación de los derechos naturales e imprescriptibles del hombre: estos derechos son la libertad, la propiedad, la seguridad y la resistencia a la opresión". Las nuevas ideas cruzaron el Atlántico a pesar de la represión de la Santa Inquisición e inspiraron a los padres del proceso de inde- pendencia americana.

En 1849, el norteamericano Henry David Thoreau escribió una obra denominada "Desobediencia Civil", en la cual desarrolló su oposición a pagar impuestos al gobierno que servirían para financiar una guerra contra México, que él considero injusta e inmoral.

Al concluir la Segunda Guerra Mundial, la ONU aprobó la Declaración Universal de los Derechos Humanos (1948) que hace referencia a este derecho: "Considerando esencial que los derechos humanos sean protegidos por un régimen de derecho, a fin de que el hombre no se vea compelido al supremo recurso contra la tiranía y la opresión".

El derecho de resistencia a la opresión es el derecho que tiene el pueblo a resistir, incluso por la insurrección, los actos de gobierno que atentan contra las libertades políticas de los individuos, es decir, las garantías individuales. Este instituto se manifiesta en dos formas: la desobediencia civil o resistencia pasiva y la insurrección popular o resistencia activa.

La desobediencia civil es una acción ilegal, colectiva, pública y no violenta que recurre a principios éticos superiores para obtener un cambio en las leyes. Es un derecho inherente a todo ciudadano y no puede renunciar a ella sin dejar de ser hombre. John Rawls la definió "como el derecho a discrepar en una sociedad democrática". Los exponentes más representativos han sido Mohandas Gandhi, Martin Luther King Jr. y Nelson Mandela.

La insurrección popular o resistencia activa es un movimiento generalizado de parte de la población contra el poder dominante, que ordinariamente se puede identificar con el gobierno y se caracteriza por el uso de la violencia.

La teoría política nos enseña que el deber de obediencia de cada persona, sujeta a un ordenamiento jurídico, es el deber de obedecer las leyes. Este deber se llama obligación política. El deber de obedecer las leyes se transforma en un derecho de resistencia en tres situaciones: en caso de una ley injusta, de una ley inconstitucional, y de una ley ilegítima.

El ejercicio de la desobediencia civil debe reunir algunas condiciones y características: a) Debe ser ejercida por personas comprometidas con la sociedad; b) No debe tener motivaciones egoístas; c) Su ejercicio debe ser público y no violento y, d;) No pretende transformar enteramente el orden político ni socavar sus cimientos, sino promover la modificación de aquellas leyes que obstaculizan el desarrollo social.

La semilla de la resistencia a la opresión cayó en tierra fértil en las "banana republics", como Honduras, con la huelga obrera de 1954, acontecimiento que marcó el comienzo de una "primavera democrática" y creó las condiciones para la promulgación de la Constitución de 1957, que estableció el derecho a la insurrección popular cuando se viola el principio de la alternabilidad en el ejercicio de la presidencia de la República. La Constitución actual restringió este derecho y se invoca únicamente cuando se produce un golpe de Estado.

El derecho de resistencia a la opresión, en tanto que es un derecho originario de legítima defensa, es anterior a cualquier norma positiva de gobierno.

El argentino Linares Quintana estableció que "el derecho de resistencia a la opresión es un derecho de legítima defensa del pueblo contra la tiranía, en salvaguardia de su bien más preciado: la libertad".

Para concluir, la indignación ciudadana está en plena expansión y crecimiento; la polarización política aumenta con una tendencia hacia la radicalización. Por su parte, el gobierno de JOH ha arreciado la represión judicial contra los opositores y sigue empecinado en no aceptar la instalación de la CICI-H. La situación se agravaría aún más si la próxima elección de los magistrados de la CSJ se convierte en un "festival de las debilidades humanas", que favorecería a las fuerzas que reclaman la instalación de una asamblea constituyente de nuevo tipo. Sin duda, también sería el comienzo de una nueva etapa de nuestra historia.

LOS CRISTIANOS Y LA INDIGNACIÓN NACIONAL
(Escrito en 2015)

"Honduras es actualmente un escenario en donde se está librando una guerra a muerte entre las fuerzas del bien y del mal y en este sentido estamos luchando contra potestades de las tinieblas que quieren hacer del país su coto de caza". Las anteriores no son las palabras de un pastor fundamentalista o de un fanático religioso. Paradójicamente, esa afirmación fue pronunciada por un diputado del Partido Liberal. Eso sorprende porque en un pasado no tan lejano, dicho partido fue el defensor de los principios de la separación de la Iglesia y el Estado, de la laicidad y de la libertad de conciencia, es decir, de los principios de la Ilustración del siglo XVIII.

Por el contrario, con el saqueo del IHSS, dice un documento que circula en la red y firmado por un sacerdote jesuita, "nos hallamos frente al mayor acto de corrupción de la historia de Honduras, que es vergüenza moral tan indefendible que los seguidores honestos del PN se horrorizan de ello". También hace un llamado para hacer de la política "una práctica de la decencia y de la libertad".

De manera que nos encontramos ante interpretaciones distintas de la realidad por parte de personas que profesan la misma fe. Considerando que la mayoría de "Los Indignados" son cristianos, es importante encontrar una explicación y para ello debemos buscarla en el terreno de la teología, en la Biblia y en el "Compendio de la Doctrina Social de la Iglesia".

La Biblia establece como precepto general obedecer a las autoridades, pues no hay autoridad que no venga de Dios. Las autoridades han recibido de Dios la misión de llevarnos a cada uno de nosotros al bien. Hay que obedecer pero no solamente por miedo al castigo, sino por deber de conciencia. De cualquier forma, el cristiano somete únicamente su conciencia a Cristo.

Cuando las autoridades exigen algo que va en contra de la verdad y la justicia, los cristianos resisten como se lo sugiere su conciencia, dispuestos a sufrir la represión prevista en las leyes humanas.

Para los cristianos, la política es el arte de buscar y ejercer el poder en beneficio de los demás. El bien común, como principio toral del cristianismo, "es la capacidad y búsqueda constante del bien de los demás como si fuese propio".

Martin Luther King Jr. agregó que "la responsabilidad de obedecer leyes justas no solamente es legal sino también moral. A la inversa, la desobediencia a leyes injustas es una responsabilidad moral".

Reconocer que el derecho natural funda y limita el derecho positivo, significa admitir que es legítimo resistir a la autoridad en caso de que esta viole grave y repetidamente los principios del derecho natural.

La doctrina social indica los criterios para el ejercicio del derecho de resistencia: 1) En caso de violaciones ciertas, graves y prolongadas de los derechos humanos fundamentales, después de haber agotado todos los otros recursos y sin provocar desórdenes peores; 2) Que haya esperanza fundada de éxito, y; 3) Si es imposible prever razonablemente soluciones mejores.

La lucha armada, como expresión de la resistencia activa ilegal, debe considerarse como un remedio extremo para poner fin a una tiranía evidente y prolongada que atentase gravemente a los derechos fundamentales de la persona y dañase peligrosamente el bien común del país (Encíclica Populorum Progessio, 1966).

Conviene advertir que todo Estado, de cualquier signo, tiene un arsenal para reprimir a todos los que practican acciones de desobediencia. El código penal hondureño contempla severas penas para los delitos de desobediencia (a una sentencia judicial, resoluciones u órdenes), rebelión (alzamiento armado contra el gobierno) y sedición (alzamiento público y tumultuario para alcanzar un objetivo por la fuerza o fuera de la vías legales). Por ello, se recomienda la prudencia y la cautela. La línea que separa la legitimidad de la resistencia activa y la sedición es muy tenue. Santo Tomas de Aquino define la sedición como una guerra injusta desatada contra la autoridad legítima y el bien común.

El vademécum vaticano —guía moral para los políticos católicos— sugiere que se pueden seguir tres actitudes cuando se enfrenta a leyes que chocan con la ética: 1) La resistencia profética, ante la entrada en vigor de normas contrarias a la vida y a los derechos humanos; 2) La colaboración con el poder, y; 3) La tolerancia, ante leyes que resultan un mal menor o intentan reducir la injusticia de leyes anteriores.

Queda claro, entonces, que la obediencia cristiana es una obediencia cívica: las autoridades han sido puestas por Dios para realizar el bien. La obediencia no es absoluta sino relativa, porque se debe obediencia únicamente a la autoridad cuando está revestida de una doble legitimidad: de origen y de ejercicio. La primera implica que el gobernante haya sido electo conforme a las reglas establecidas por la sociedad; y, la segunda, exige que la autoridad cumpla y haga cumplir las leyes humanas y respete las leyes divinas.

En resumen, es fundamental insistir que la fuerza de "Los Indignados" está en la no violencia. Su desobediencia no es revolucionaria, es constructiva y no destructiva, tiende al perfeccionamiento del sistema para alcanzar el bien común, y por ello proponen, entre otros, mejorar el funcionamiento de los operadores de justicia mediante el acompañamiento de una instancia internacional como lo es la CICI-H.

JOH EN SU LABERINTO, ¿DIÁLOGO O NEGOCIACIÓN?

(Escrito en 2015)

JOH se encuentra en un callejón sin salida ante dos problemas. Primero, no sabe quiénes son los verdaderos interlocutores en el diálogo, que deriva de su posición ambigua y ambivalente sobre la naturaleza del mismo y, segundo, no tiene claro ¿qué se va a negociar?

Su visión no democrática del poder es decir, de su concepción autoritaria, le impide avanzar en el proceso de gobernabilidad democrática. Si no tiene claras las cuestiones planteadas, seguirá dando palos de ciego.

Primero. Las cosas comenzaron mal desde el primer día de su gobierno. No respetó el Artículo 5 de la Constitución que contiene el mandato de la integración nacional. Dicho principio impone el diálogo como eje rector de la administración pública. La conflictividad social y política comenzó a crecer desde el estallido del conflicto en el municipio de San Luis, Comayagua, y alcanzó su cúspide con la revelación espectacular del financiamiento de la campaña electoral del PN con recursos del saqueado IHSS.

No perdamos de vista que el diálogo no es un fin en sí mismo. Es, en realidad, un instrumento para alcanzar acuerdos de diversa naturaleza entre los diferentes actores de una sociedad. Podemos distinguir dos tipos de diálogo: socioeconómico y político. En el ámbito político, puede existir un diálogo para prevenir una crisis o para resolverla. El diálogo social es el que se realiza entre los actores económicos y sociales, también se le llama concertación social. En resumen, una cosa es el diálogo socioeconómico y otra el diálogo político. A la suma de ambos suele llamársele "diálogo nacional". En el diálogo político, lógicamente, se ventilan temas políticos entre fuerzas políticas, por eso es un despropósito tratar de despolitizarlo.

Segundo. El otro problema de JOH es su visión no democrática del 209 poder, es decir, su concepción autoritaria. Esta concepción del poder, muy de moda en los tiempos que corren, está emparentada con la racionalidad estratégica que pretende reinar en la economía de mercado y en la competencia política entre individuos y organizaciones.

Hay una simetría dolorosa (escribió Antanas Mokus, el célebre exalcalde de Bogotá) "entre quienes están dispuestos a hacer todo por ganar y quienes están dispuestos a perder todo, con tal de impedir que el otro gane". La desconfianza extrema nos lleva a asumir una actitud en cierto sentido similar a la guerra preventiva; este enfoque contribuye a creer que la única alternativa es hacerle trampa al adversario. Sin lugar a duda, este es el peor de los caminos.

El diálogo convocado por JOH es una respuesta obligada ante la presión social impulsada por las marchas de "Los Indignados". Si nos fijamos bien, su respuesta se circunscribe a la socialización de su propuesta denominada Sistema Integral Hondureño de Combate a la Impunidad y Corrupción (SIHCIC) con sus socios y aliados, misma que es considerada por sus críticos como una prótesis institucional, que no servirá para nada.

La construcción de una agenda es probablemente el punto más complicado en un proceso de diálogo/negociación. Ante el evidente colapso institucional de los operadores de justicia, la "Oposición Indignada" exige la constitución y funcionamiento de una Comisión Internacional Contra la Impunidad (CICI) como paso previo al inicio de un diálogo con el gobierno.

Una de las características de la coyuntura actual, es que un actor no invitado y fuera del sistema (Los Indignados), cambió la agenda política del país y los partidos de la oposición se han sumado a ella.

Otro punto fundamental es el tratamiento de las demandas de los diferentes actores políticos y el establecimiento de un cronograma de ejecución de los compromisos. Tomemos, por ejemplo, las demandas hechas por el Partido Liberal que ilustran la complejidad del proceso: 1) Constitución y funcionamiento de la CICI; 2) Renuncia inmediata del Fiscal General y del Adjunto; 3) Nuevo sistema de selección de los titulares de los órganos que elige el CN, antes de septiembre de 2015, y; 4) Nulidad de la sentencia de la CSJ que autoriza la reelección presidencial.

La luz de las antorchas llegó hasta la United Nations Plaza de New York y la misión de exploración coincidió con la visita de Thomas Shannon, Enviado Especial del presidente Obama. Los visitantes saben que su influencia deriva tanto del poder de bloquear una situación como de su capacidad de desbloquearla: "Las marchas de la Oposición Indignada en Honduras son manifestaciones pacíficas y democráticas que muestran claramente el interés del pueblo en recuperar su voz", ha declarado Shannon. A buen entendedor, pocas palabras.

Concluimos diciendo que cuando la democracia representativa fue colonizada por la racionalidad estratégica, la esperanza se desplazó hacia la democracia participativa. Hay una tendencia clara: "cada persona, un voto", es sustituida por "una persona, una voz". Ello explica por qué cada día son más fuertes las voces que apuestan por una verdadera democracia, que algunos llaman deliberativa.

"Desde la óptica estratégica, lo inteligente para JOH no es dialogar sino negociar", ha escrito Julio Escoto. JOH desperdició el tiempo —de los demás, por supuesto— para dialogar en trampas y engaños que no dieron resultado —para los demás, claro está—, y ahora lo que cabe es una negociación razonable y pragmática con una agenda consensuada, un cronograma de ejecución de los acuerdos y un mecanismo internacional de verificación y seguimiento.

LOS INTELECTUALES Y EL PODER
(Escrito en 2010)

"El intelectual que se sirve del poder como instrumento, se convierte rápidamente en instrumento del poder", afirma categóricamente el alemán Rolf Schroers. Por esta razón, la primera característica del intelectual deber ser su postura crítica frente al poder. En caso contrario, se degrada y corre el riesgo de mutarse en cortesano, o en el peor de los casos, en guardaespaldas intelectual del sistema. Esta condición la comparten los intelectuales de todos los horizontes políticos, tanto los progresistas como los tradicionalistas.

Otras características del intelectual son su compromiso con la realidad vital de su época; tener autoridad fundada en su obra o testimonio de vida, es decir, capacidad de influir sobre el ánimo de los demás; y, asumir el riesgo de escribir o decir la verdad.

El intelectual es aquel que no admite las verdades oficiales, que son en la mayoría de los casos, mentiras acreditadas desde el poder. La especificidad de la democracia, es la de ser un régimen de opinión, dicho de otro modo, un régimen en el cual no es fácil de distinguir lo falso de lo verdadero.

Pero no hagamos de los intelectuales unos extraterrestres, todos los seres humanos somos intelectuales, pero no todos tenemos en la sociedad la función de intelectuales. El intelectual es aquella persona que se ocupa de la producción de conocimientos y de valores, son los creadores de los productos ideológico-culturales en una sociedad.

Para el ecuatoriano Rodrigo Borja, los intelectuales pueden adoptar una de tres posturas frente al poder: 1) Participar en el gobierno para respaldar con ideas la tarea de quienes lo ejercen; 2) Criticar el poder que a veces va hacia el rechazo revolucionario y se enruta al orden establecido, y; 3) El retiro hacia "la torre de marfil", es decir, a la indiferencia absoluta o casi absoluta frente a la política. La relación de los intelectuales y el poder ha sido conflictiva y contradictoria. Históricamente, siempre han actuado como huéspedes en el escenario político, y quienes han querido instalarse en él les ha costado la mayoría de las veces su cabeza o han pagado con la pérdida de la dignidad y del honor. Sea como fuere, nuestra época, no admite ninguna identificación del intelectual con el orden establecido.

En una sociedad determinada, los intelectuales cumplen una doble función: son críticos frente al poder y, al mismo tiempo son constructores de una nueva e integral concepción del mundo. En ese sentido, pueden clasificarse en progresistas y tradicionalistas. Los primeros participan activamente en la lucha social y sus obras —un libro, una pintura, una escultura, un poema, etcétera— son la expresión de los valores que encarnan los nuevos sujetos sociales. Los tradicionalistas, en cambio, son aquellos que defienden el orden establecido; y, los más lúcidos, son partidarios fervorosos de las reformas moderadas y graduales.

Comparto lo planteado por el profesor Etzioni cuando llama a los intelectuales a mantenerse alertas y vigilantes ante "las suposiciones colectivas" que sostienen los ciudadanos. Además de ello, deben renovar, recrear, rehacer, reconstruir, abrir, imaginar o transformar esas suposiciones sociales compartidas que, resistentes al cambio, tienden a "rutinizar" su existencia en términos de relaciones establecidas.

Es preferible una subjetividad insurgente a una objetividad paralizante. El intelectual debe abrirse a las interpretaciones alternativas de la realidad, ampliar la perspectiva de los ciudadanos y tratar de transformar el mundo mediante la escritura o la palabra. Para terminar, es una agradable sorpresa que la posible solución —intervención a la Policía Nacional con acompañamiento internacional— a la crisis que experimentan las instituciones del área seguridad, sea un punto de convergencia de la mayoría de los intelectuales hondureños, de todos los horizontes políticos.

BIBLIOGRAFÍA

Achard, Diego y Gonzales, Luis. Política y Desarrollo en Honduras 2006-2009. Los escenarios posibles. PNUD, 2006, Tegucigalpa, M.D.C., Honduras, C.A.

Argueta, Mario. Ramón Villeda Morales: Luces y sombras de una primavera política. Colección Erandique, 2024, Tegucigalpa, M.D.C., Honduras, C.A.

Argueta, Mario. Bananos y política. Samuel Zemurray y la Cuyamel Fruit Company en Honduras. Editorial Universitaria, 1989, Tegucigalpa, M.D.C., Honduras, C.A.

Argueta, Mario. Tiburcio Carias. Anatomía de una época. Colección Erandique, 2024, Tegucigalpa, M.D.C., Honduras, C.A.

Badie, Bertrand. Un mundo sin soberanía, los Estados entre el artificio y la responsabilidad (puede leerse en el enlace: https://publicaciones.uexternado.edu.co/un-mundo-sin-soberania-estados-entre-artificio-y-responsabilidad-relaciones-internacionales.html

Barahona, Marvin. Honduras en el siglo XX. Guaymuras, 2005, Tegucigalpa, M.D.C., Honduras, C.A.

Barahona, Marvin. La hegemonía de los EE.UU. en Honduras 1907-1932. CEDOH, 1989, Tegucigalpa, M.D.C., Honduras, C.A.

Becerra, Longino. Evolución histórica de Honduras. Editorial Baktum, 1983, Tegucigalpa, M.D.C., Honduras, C.A.

Bonilla, Policarpo. Colección de Escritos. Tipografía Nacional, 1899, Tegucigalpa.

Briscoe, Ivan. La proliferación del Estado paralelo. Disponible en:
http://fride.org/download/IB_ElPeriodico_Guatemala_16.11.08.pdf

Carías, Marcos. De la patria del criollo a la patria compartida. Ediciones Subirana, 2007, Tegucigalpa, M.D.C., Honduras, C.A.

Comité Central del Partido Nacional Hondureño. El libro de oro del Partido Nacional Hondureño (1939-40), s/i. 1939, Tegucigalpa, Honduras.

D'Ans, Andre Marcel. Honduras después del Mitch. Ecología política de un desastre. CEDOH, 2008, Tegucigalpa, M.D.C., Honduras, C.A.

D'Ans, André Marcel. Honduras, emergencia difícil de una nación, de un Estado. Litografía López S. de R. L. 1998, Tegucigalpa, M.D.C., Honduras, C.A.

Deutsch, Hermann. The incredible yanqui: The career of Lee Christmas. Pelican Publishing Company, 2012, Gretna, Louisiana. First edition, 1931.

Fonseca, Gautama. Cuatro ensayos sobre la realidad política de Honduras. Editorial Universitaria, 1982, Tegucigalpa, M.D.C., Honduras, C.A.

García Rodríguez, Fernando. Las ciudades burbujas. Zonas de Empleo y Desarrollo Económico en Honduras (ZEDES). Friedrich Ebert Stiftung FES América Central, 2014, Tegucigalpa, M.D.C., Honduras, C.A.

Hernández, Daniel. La justificación histórica de la actual prolongación en el poder. s/i. 1939, La Esperanza, Intibucá, Honduras.

Labor Hondureña por la Autonomía de Centroamérica. Liga por la Defensa Nacional Centroamericana, Tegucigalpa, Imprenta El Sol, 1914, Tegucigalpa.

Langley D., Lester y Schoonover, Thomas. The Banana Men, American Mercenaries and Entrepreneurs in Central America, 1880-1930. The University Press of Kentucky. Lexington, Kentucky.

Membreño, Cedillo, Sergio. ¿Qué se entiende por captura del Estado? CNA, 2007, Tegucigalpa, M.D.C., Honduras, C.A.

Membreño Cedillo, Sergio. Honduras: del Estado megalómano al Estado del futuro. Editorial Universitaria, 1996, Tegucigalpa, M.D.C., Honduras, C.A.

Meza, Víctor (coordinador). Democracia y partidos políticos en Honduras. CEDOH, 2004, Tegucigalpa, M.D.C., Honduras, C.A.

Meza, Víctor (coordinador). Democracia, legislación electoral y sistema político en Honduras. CEDOH, 2004, Tegucigalpa, M.D.C. Honduras, C.A.

Meza, Víctor (coordinador). Golpe de Estado: Partidos, instituciones y cultura política, CEDOH, 2010, Tegucigalpa, M.D.C., Honduras, C.A.

Meza, Víctor (coordinador). Honduras: Poderes fácticos y sistema político. CEDOH, 2007, Tegucigalpa, M.D.C., Honduras, C.A.

Meza, Víctor (coordinador). Honduras: Sistema político, crisis y reforma. CEDOH, 2003, Tegucigalpa, M.D.C., Honduras, C.A.

Moncada Silva, Efraín. Ensayos Constitucionales. Edigrafic, 2009, Tegucigalpa, M.D.C. Honduras, C.A.

Moncada Silva, Efraín. Temas constitucionales. Edigrafic, S. de R. L., 2001, Tegucigalpa, M.D.C. Honduras, C.A. Oqueli, Ramon. Gente y situaciones (cuatro tomos). Editorial Universitaria, 1994, Tegucigalpa, M.D.C., Honduras, C.A.

Oquelí, Ramon. Honduras, crisis crónica. Diario La Tribuna, noviembre 14-21- 28, 2004. Tegucigalpa, M.D.C., Honduras, C.A.

Oquelí, Ramón. La víscera entrañable. CEDOH, 1983, Tegucigalpa, M.D.C., Honduras, C.A.

Payne, Mike y otros. La política importa, democracia y desarrollo en América Latina. Editorial Planeta, 2006, México D.F.

Penfold, Michael. La democracia subyugada. Disponible en: http://www.redaly c.org/pdf/2/32414670003.pdf

Posas, Mario. Honduras: Una democracia en proceso. PNUD, 2003, Tegucigalpa, M.D.C. Honduras, C.A.

Posas, Mario. Modalidades del proceso de democratización en Honduras. Editorial Universitaria, 1989, Tegucigalpa, M.D.C., Honduras, C.A.

Romero Ballivián, Salvador. Democracia, elecciones y ciudadanía en Honduras. NDI, 2014, Tegucigalpa, M.D.C., Honduras, C.A.

Schroder, Peter. Estrategias Políticas. Fundación Friedrich Naumann/OEA, 2004, México DF.

Serge Sur. Surles Etats defaillants. Puede leerse en: https://www.diplomatie.gouv. fr/IMG/pdf/0502-SUR-FR-2.pdf

Sinclair, David. The land that never was. (El país que nunca fue). The Capo Press, 2004, London.

Souza Santos, Boaventura. La refundación del Estado en América Latina. Lima, Perú.

Tedesco, Laura. El Estado en América Latina ¿fallido o en proceso de formación?

Thoreau, Gandhi y otros. Desobediencia civil y otras propuestas. Longseller, 2004, Buenos Aires.

Vásquez Velásquez, Romeo. Ambiciones peligrosas. Las tentaciones del poder. Editorial Sebastián, 2015, Tegucigalpa, M.D.C., Honduras, C.A.

Zovatto, Daniel y Orozco, Jesús (coordinadores) Reforma Políticay Electoralen América Latina 1978-2007, UNAM/IDEA, 2008, México, D.F

DOCUMENTOS E INFORMES

Acuerdo de Cartagena: http://www.derechos.org/nizkor/honduras/doc/zelaya408.html

Acuerdo de San José 2009: http://www.cedoh.org/documentacion/articulos/files/Acuerdo SJ.pdf

Acuerdo Nacional de Transformación para el Desarrollo Humano en el Siglo XXI. Septiembre 18, 2001.

Compromiso de Garantías Mínimas para la Ética y la Transparencia Electoral. Agosto 22, 2013.

Honduras: Elecciones 2013: Compra de Votos y Democracia: https://tzibalnaah.unah.edu.hn/bitstream/handle/123456789/151/LB-00025.pdf?sequence=2

Honduras: Los acuerdos son posibles, La experiencia de la Comision Política de los Partidos Politicos. PNUD, 2005, Tegucigalpa M.D.C., Honduras, C.A.

Informe de la Comisión de la Verdad y la Reconcilación (CVR): https://www.oas.org/es/sap/docs/dstime/2011/cv/hondurasinformecvr_tomo 1.pdf Informe Especial del CONADEH. La necesidad de proteger lå independencia judicial. Abril 6, 2000.

Informe Estado de la Región en Desarrollo Sostenible 2011. Disponible en: https://www.estadonacion.or.cr/informe-iv-estado-region

Los Pactos de Washington. Decreto Número 169, Diario Oficial La Gaceta: http://cronicasdehonduras.blogspot.com/2013/08/los-tratados-de-paz-de-washington-1923.html

Manifiesto de los Partidos Políticos al Pueblo Hondureño. Septiembre 4, 2001.

Pacto de Agua Azul. Noviembre 30, 1957. Reproducido en: Significado histórico del gobierno de Villeda Morales. Editorial Universitaria, 1985, Tegucigalpa, M.D.C., Honduras, C.A. Pacto de la Fuerza Aérea o Acta de Compromiso. Mayo 20, 1985. Firmada por los partidos políticos (Nacional, Liberal, Democracia Cristiana y PINU) y las centrales obreras y campesinas (CTH, CGT, Central Nacional de Trabajadores del Campo y Federación de Campesinos de Honduras) en la Fuerza Aérea Hondurena.

Pacto o Acuerdo celebrado entre Partido Liberal, el Partido Nacional y el Partido Demócrata Cristiano para defender la continuidad de los Acuerdos firmados el 4 de septiembre de 2001 con el propósito de profundizar la democracia participativa, la gobernabilidad, terminar con la impunidad y consolidar las instituciones y contra la pobreza. El pacto firmado (enero 15, 2002), legalizó el reparto de los cargos burocráticos en el Tribunal Superior de Cuentas, Tribunal Supremo Electoral y Registro Nacional de las Personas.

Pacto Político de Unidad Nacional (enero 7, 197), propuesto a los partidos Liberal y Nacional por el presidente de la República, el Consejo Hondureño de la Empresa Privada (COHEP) y por la Confederación de Trabajadores de Honduras (CTH).

www.ingramcontent.com/pod-product-compliance
Lightning Source LLC
Chambersburg PA
CBHW050751150726
48196CB00004B/429

* 9 7 9 8 8 9 2 6 7 0 8 4 5 *